# VERLIEBT IN EINE STADT
# Rom

Folgende Symbole erleichtern Ihnen den Umgang
mit diesem Buch:

 Besonders empfehlenswerte Adressen

A1 Koordinate innerhalb des Stadtplans

AU Koordinate außerhalb des Stadtplans

**COMPANIONS**

# U- UND S-BAHN

**LEGENDE:**
- ■ BIS ZU 10 GEHMINUTEN
- ▨ BIS ZU 30 GEHMINUTEN
- □ U- UND S-BAHN

| | Appia Antica | Aventin | Bocca della Verità | Botanischer Garten | Campo de' Fiori | Caffé Greco | Caracalla-Thermen | Castelli Romani | Forum Romanum | Flohm. Porta Portese | Galleria D. Pamphili | Ghetto | Hadriansvilla |
|---|---|---|---|---|---|---|---|---|---|---|---|---|---|
| Appia Antica | | | | | | | ■ | | | | | | |
| Aventin | ▨ | | ■ | | | | ▨ | | | | | | |
| Bocca della Verità | | ■ | | | | | | | | | | ▨ | |
| Botanischer Garten | | | | | | | | | | | | | |
| Campo de' Fiori | | | | | | | | | | | | | |
| Caffé Greco | | | | | | | | | | | | | |
| Caracalla-Thermen | ■ | ■ | | | | | | | | | | | |
| Castelli Romani | | | | | | | | | | | | | |
| Forum Romanum | | | | | | | | | | | | | |
| Flohmarkt Porta Portese | | | | | | | | | | | | | |
| Galleria D. Pamphili | | | | | ▨ | | | | ■ | | | | ▨ |
| Ghetto | | | ■ | ▨ | ■ | | | | ▨ | | | | □ |
| Hadriansvilla | | | | | | | | | | | | | |
| Kaiserforen | | | | | | | | | ▨ | | | ■ | |
| Kalixtus-Katakomben | | | | | | | | | | | | | |
| Kapitol | | | ■ | ▨ | ▨ | | | | ■ | | ▨ | ■ | |
| Kapitolinische Museen | | | ▨ | ▨ | ▨ | | | | ■ | | ▨ | ■ | |
| Kolosseum | | ▨ | ▨ | | | | | | ■ | | | ▨ | |
| Monti | | | | | | | | | ■ | | | ■ | |
| Museo d. Civiltà Romana | | | | | | | | | | | | | |
| Ostia Antica | | | | | | | | | | | | | |
| Palazzo delle Esposizioni | | | | | | | | | | | | | |
| Pantheon | | | | | ■ | | | | | | | ▨ | |
| Petersdom | | | | | | | | | | | | | |
| Piazza del Popolo | | | | | | ▨ | | | | | | | |
| Piazza Farnese | | | | | ■ | | | | | | | | |
| Piazza Navona | | | | | ■ | | | | | | | | |
| San Giovanni in Laterano | | | | | | | | | | | | | |
| Spanische Treppe | | | | | | ■ | | | | | | | |
| Teatro dell'Opera | | | | | | | | | | | | | |
| Testaccio | | ■ | | | | | | | | ■ | | | |
| Thermen-Museum | | | | | | | | | | | | | |
| Tiberinsel | | ▨ | ■ | ▨ | ■ | | | | | ▨ | | ■ | |
| Trastevere | | | ▨ | ■ | ▨ | | | | | ▨ | | | |
| Trevi-Brunnen | | | | | | ■ | | | ■ | | ■ | | |
| Vatikanische Museen | | | | | | | | | | | | | |
| Via Condotti | | | | | | ■ | | | | | | ■ | |
| Villa Borghese | | | | | | | | | | | | | |
| Villa Giulia | | | | | | | | | | | | | |

Vom Kolosseum zum Petersdom – zu Fuß oder mit der U-Bahn? Diese Tabelle zeigt Ihnen alle Entfernungen auf einen Blick. Einfach die Koordinaten miteinander verbinden, und Sie können sich Ihre ganz persönliche Tour zusammenstellen.

ENTFERNUNGSTABELLE

- Kaiserforen
- Kalixtus-Katakomben
- Kapitol
- Kapitolinische Museen
- Kolosseum
- Monti
- Museo Civiltà Romana
- Ostia Antica
- Palazzo d. Esposizioni
- Pantheon
- Petersdom
- Piazza del Popolo
- Piazza Farnese
- Piazza Navona
- San Giovanni Laterano
- Spanische Treppe
- Teatro dell'Opera
- Testaccio
- Thermen-Museum
- Tiberinsel
- Trastevere
- Trevi-Brunnen
- Vatikanische Museen
- Via Condotti
- Villa Borghese
- Villa Giulia

## IMPRESSUM

Verlag: COMPANIONS Glänzer Linkwitz Wiskemann GmbH,
Zippelhaus 3, 20457 Hamburg
Tel. 040-37 85 75-0, Fax 040-37 85 75-75
e-mail: info@companions.de
Redaktion: Constanze Reuscher
Lektorat und Schlußredaktion: Marion Zorn
Schlußkorrektur: Eleonore Gregori
Titelgestaltung und Layoutkonzeption: Cornelia Prott
Titelfoto: Tony Stone
Handschriften: Michi Graf
Satz und Umbruch: Uwe Knott
Produktion: Annie Mehnert
Litho und Ausbelichtung: Fotolito Longo, Bozen
Druck und Bindung: Fotolito Longo, Bozen
Vertrieb: GeoCenter Verlagsvertrieb GmbH, München
Bildnachweis: Constanze Reuscher außer Foto di Carlo Sperati (S. 93), Franco B. Rossi (S. 73), Hotel Excelsior (S. 100), Occhibelli/Dagherrotipo (S. 102).

Wir danken: Hartmut Heincke, Christine Koglin, Simone Sever, Frank Bertling, Claudia Becker

CIP-Titelaufnahme der Deutschen Bibliothek

Rom / [Red.: Constanze Reuscher]
– Hamburg: COMPANIONS, 1996
(Companions Reisen : Der persönliche Reiseführer; 8) (Verliebt in eine Stadt)
ISBN 3-929812-35-5
NE: Reuscher Constanze [Red.]; Companions Reisen / Der persönliche Reiseführer

© COMPANIONS Glänzer Linkwitz Wiskemann GmbH, Hamburg. Alle Rechte vorbehalten, auch die der auszugsweisen sowie fotomechanischen und elektronischen Vervielfältigung sowie der kommerziellen Adressen-Auswertung und Übersetzung für andere Medien. Anschrift aller Verantwortlichen über den Verlag. Alle Daten und Fakten in diesem Buch sind sehr sorgfältig vor Drucklegung recherchiert worden. Sollten trotz größtmöglicher Sorgfalt Angaben falsch sein, bedauern wir das und bitten um Mitteilung. Der Verlag kann aber keine Haftung dafür übernehmen.

Gedruckt auf 100% chlorfrei gebleichtem Papier

## INHALT

# Eine Stadt & ihre Bewohner
Einstimmung ........................................................................... 7

# Sie kommen an
Landung: *Wie geht's weiter* .................................................. 10
Viertelüberblick: *Orientieren Sie sich* ................................. 13
Ins Herz der Stadt: *Nach der Ankunft* ................................. 20

# Unterwegs – wie mit einem Freund
Sightseeing: *Rom im Überblick* ........................................... 24
Sehenswürdigkeiten: *Das müssen Sie sehen* ...................... 29
Großstadt-Oasen: *Die Perlen der Stadt* .............................. 38
Auf Tour: *Die Stadt entdecken* ............................................ 43
Museen: *So spannend kann Kultur sein* ............................. 50
Märkte: *Anders einkaufen* ................................................... 57
Shopping: *Gewußt, wo* .......................................................... 61

# Gut essen & trinken
Frühstückscafés: *So geht der Tag gut los* ........................... 66
Restaurants: *Für Sie ausgesucht* ......................................... 68
Cafés: *Atmosphäre schnuppern* .......................................... 74
Eiscafés: *Typisch römisch* .................................................... 78
Bars & Kneipen: *Hier trifft man sich* ................................. 81

# Nightlife
Theater, Oper, Kino: *Vielfalt garantiert* ............................. 88
Jazz & Latin: *Bühne frei!* ..................................................... 92
Discotheken, Clubs & Nachtbars: *Bis die Sonne aufgeht* .... 94

# Gute Nacht
Grandhotels: *Die Klassiker* .................................................. 100
Erlesene Hotels: *Klein, aber fein* ........................................ 102
Kuriose Herbergen: *Traumhaft schrill* ............................... 106
Noch mehr Hotels: *Preiswert schlafen* ............................... 109

**Serviceteil** ............................................................................ 111

**Schlagwortregister** ............................................................. 120

# EINE STADT & IHRE BEWOHNER

Rom kann man nur abgöttisch lieben oder abgrundtief verabscheuen. In Rom gibt es soviel **Schönheit**, daß es einem dem Atem verschlägt, und soviel **Chaos**, daß man es am liebsten verfluchen will. Wer sich mit Rom nicht anfreunden kann, ist schnell wieder weg. Wer sich in Rom verliebt, bleibt meistens für immer. Die Römer selbst oder die, die es geworden sind – und das sind die meisten – jammern ständig über alles, was in ihrer Stadt nicht funktioniert, aber sie kämen nie, auch nicht im Traum auf die Idee, nach Mailand oder Bologna zu ziehen. Dafür ist Rom doch viel zu schön!

Rom ist in jedem Fall ein einmaliges **Erlebnis** der Superlative: Hier finden Sie die größten Museen und Kirchen der Welt, die schönsten Kunstsammlungen, überwältigende Ruinen aus der Antike und Meisterwerke der abendländischen Kunst der Neuzeit. Michelangelo, Raffael, Bernini, Borromini und Caravaggio hinterließen ihre Geniestücke, schufen die höchsten Kirchen, bombastische Fresken, einmalige Gemälde. Rom ist auch ein unübertreffbares Naturschauspiel aus **Sonnenuntergängen**, die den Himmel rot-rosa-violett färben und einen goldenen Schleier auf ein wogendes Meer von Barockkuppeln und roten Ziegeldächern legen, zwischen denen sich wie bauschige Kissen dunkelgrüne Pinien wölben. Und am Abend verwandelt Rom sich in ein großes **Festzelt** unter freiem Himmel, wo man sich wie in keiner anderen Stadt der Welt jeder schönen Sünde hingeben kann. Zu schön, um wahr zu sein?

*Blick auf den Palatin mit dem Denkmal für Vittorio Emanuele*

# EINSTIMMUNG

Keine Sorge! Wenn Sie erst im Autobus stehen und vor Gedränge keine Luft mehr bekommen oder im Spießrutenlauf zwischen hupenden Autos und Mofas eine Straße überqueren, sind Sie ganz schnell wieder auf festem römischem Boden. Rom ist schließlich auch eine **Großstadt** am Ende des 20. Jahrhunderts, aber leider keine moderne. Rom ist ein **Dorf**, das zu schnell gewachsen ist. Hier drängeln sich vier Millionen Menschen, die jeden Morgen von dem **Moloch** eingesogen und abends wieder ausgespuckt werden. Die Stadtteile, die rund um den Kern innerhalb der **Aurelianischen Mauer** gewachsen sind, sind nichts als viele Dörfer und Kleinstädte mit Bezirksverwaltung, eigenem Zentrum und Einkaufsmeile, wo es alles für jeden Bedarf gibt. In einer Großstadt wie Rom gibt es auch Superlative, die dem puren Überlebensdrang dienen. Um sich Gehör zu verschaffen, wird gedrängelt, geflucht und gehupt, was das Zeug hält. Daß Alte, Kinder und Behinderte im Chaos zu kurz kommen, interessiert meist nur direkt Betroffene. Daß die weltweit einmaligen **Ruinen** vielleicht irgendwann mal unter der Last des Smogs zusammenbrechen, ist zweitrangig, wenn es darum geht, mit dem eigenen Wagen bis in den innersten Winkel der Stadt vorzudringen. »Menefregismo« ist eine typisch römische Eigenschaft und kommt aus dem römischen Jargon: »Che 'mme frega!« - was schert mich das schon? Selbst Goethe,

*Blick über Roms Dächer*

## EINSTIMMUNG

der sich in Rom im Himmelreich seiner kühnsten Träume wähnte, gestand ein: »Ich verzeihe jedem, der sie tadelt und schilt; ... als Fremder mit ihnen zu verkehren, ist beschwerlich und kostspielig.«

Trotz der vielen **Hektik**, die Römer gerne um nichts machen, pocht das **Herz** der Stadt ein bißchen langsamer als das anderer Metropolen. Hier haben die **Regierung** und damit alle zentralen Ministerien, Behörden und staatlichen Unternehmen ihren Sitz, und Beamtenmentalität bestimmt den Lebensrhythmus. Viel wichtiger als **Effizienz** ist den Römern ihre persönliche **Lebensqualität**. Bei allem kommt es darauf an, eine »bella figura«, eine gute Figur, zu machen. Im richtigen Outfit zu erscheinen, den schicksten Wagen zu fahren, ins beste Restaurant einzuladen, das ist das eigentlich Wichtige im Leben, auch wenn man dafür eine Woche zu Hause Pasta mit Butter essen muß. Familien sparen ein ganzes Leben, damit sie ihre Tochter im **Brokatbrautkleid** auf der Treppe zum Kapitol fotografieren und sie mit dem – gemieteten – Rolls-Royce zur Kirche bringen können. Haben Sie sich gerade über die Signorina hinter dem Schalter in der Bank geärgert? Hinreißend schön, aber das Tauschen eines Eurocheques dauert 20 Minuten! Nehmen Sie's wie Goethe: »Wie moralisch heilsam ist mir denn auch, unter einem ganz sinnlichen Volk zu leben ....«

### INFO

**Heiliges Jahr 2000**
Im Jahr 2000 jährt sich Jesu Geburtstag. Das ist für die Katholische Kirche das »Anno Santo«, das Heilige Jahr, und für die Stadt Rom ein Grund, sich ein neues Outfit zu verpassen.
50 Millionen Pilger und Besucher erwarten die Stadtväter, eine einmalige Gelegenheit für den Tourismus. Rom will nicht länger nur die Stadt der Vergangenheit sein, sondern eine moderne europäische Metropole wie Berlin oder Paris.
Deswegen soll alles restauriert, poliert, erneuert werden, was schon steht. Dazu will man neue Straßen, Hotels, U-Bahnstrecken und 52 (!) neue Kirchen bauen.
Die Stadt dürfte sich zwischenzeitlich in ein heilloses Chaos verwandeln. Seien Sie darauf gefaßt!

## SIE KOMMEN AN

Wer nach Rom kommt, möchte den **Petersdom** und die **Spanische Treppe** sehen, tagsüber auf den Spuren der **Antike** wandeln oder sich ins **Shopping** stürzen und abends draußen an einer hübschen **Piazza** essen. Dafür müssen Sie Rom nicht bis in seine weit entfernten Außenbezirke kennen, denn fast alles, was Sie ansteuern werden, liegt in der **Innenstadt** – dort, wo das römische Leben schon vor 2.000 Jahren pulsierte. Aber auch das antike Rom war eben schon eine ausgedehnte **Millionenstadt**.

Die Viertel, die durch die Jahrhunderte in ihr entstanden, sind daher so weit voneinander entfernt, wie in jeder neuzeitlichen Metropole, und auch ein fleißiger Fußgänger braucht hier einen Kompaß. Stürzen Sie sich dennoch hinein in diese pulsierende Metropole, und lassen Sie sich einfach treiben.

## *Wie geht's weiter?*

Die Maschine setzt auf, die Flugzeugtür öffnet sich, und Ihnen weht ein angenehm warmer Wind ins Gesicht: Rom! Allein der Name hat etwas **Magisches**. Doch bevor Sie das »dolce vita«, das süße Leben, in vollen Zügen genießen können, müssen Sie erst mal Bekanntschaft mit dem liebenswerten römischen Chaos machen, das Sie vom Kofferband bis ins Hotel begleiten wird.

Mit einem **Linienflug** kommen Sie am Internationalen Flughafen »Leonardo da Vinci« im Vorort Fiumicino 30 Kilometer vor Rom an. Sie sind ein Glückspilz, wenn Sie einen Kofferkuli ergattern und Ihr Gepäck in weniger als 15 Minuten aufladen können. Wenn Sie noch keine Lire haben: Sie brauchen **Bargeld** für Taxen, öffentliche Verkehrsmittel und zum Telefonieren. Hinter der Paßkontrolle befindet sich ein Bankschalter. In der Ankunftshalle gibt es rechts vom Ausgang der Gepäckausgabe, ganz hinten neben den Toiletten, einen Raum mit **Geldautomaten**. Wappnen Sie sich schon jetzt gegen Taschendiebe! Wertsachen gehören in den Brustbeutel oder die Gürteltasche.

Vor dem Ausgang finden Sie **Taxen**. Nehmen Sie nur die weißen und gelben Wagen, die hier in der Schlange warten. Die Fahrt bis in die Innenstadt kostet rund Lit 70.000 und kann in der Rush-hour bis zu einer Stunde dauern. Meiden Sie freie Taxi-Unternehmer, die schon in der Halle der Kundschaft auflauern - Sie zahlen mindestens Lit 30.000 mehr. Eine preiswerte Alternative ist der **Flughafenzug**, der Sie für Lit 12.000 in nur 30 Minuten bis zum Hauptbahnhof »Stazione Termini« bringt. Von dort geht es mit U-Bahn, Bus oder Taxi weiter ins Hotel. Das Airport-Terminal der »Ferrovie Statali« (Staatliche Eisenbahn) erreichen Sie mit einem Fahrstuhl, der etwas versteckt links hinter dem Ausgang der Gepäckausgabe liegt. Tickets gibt's an Automaten vor den Gleisen. Der Zug fährt von 6.55 bis 22.55 Uhr stündlich, in den Hauptverkehrszeiten alle 30 Minuten.

Wer einen **Charterflug** gebucht hat, landet auf dem Flughafen »Ciampino« im Süden der Stadt. Bei Charterreisen ist der Transfer zum Hotel meistens vom Reiseunternehmen organisiert (→ Serviceteil).

Wenn Sie einen Wagen gemietet haben: Die Schalter der **Mietwagen-Firmen** befinden sich im Flughafen Fiumicino in der Ankunftshalle. Ein Shuttle-Bus vor dem Ausgang bringt Sie zum Parkplatz. Folgen Sie, wenn Sie Ihr Auto abgeholt haben, der Autobahn in Richtung »centro«. Reisen Sie mit dem eigenen Wagen über die »Autostrada del Sole« von Norden an, fahren Sie bis zum »Grande Raccordo Anulare«, zur auf Hinweisschildern als »G.R.A« abgekürzten Ringautobahn um Rom, biegen nach rechts in Richtung Fiumicino ab, nehmen die erste Ausfahrt »Parioli, centro« und stürzen sich in den römischen **Verkehr**.

*Taxis vor dem Hauptbahnhof*

# LANDUNG

Der ist ein Abenteuer für sich! Rote Ampeln und Vorfahrtsschilder sind häufig nicht mehr als gute Empfehlungen, in Einbahnstraßen kommen Ihnen oft Wagen entgegen, auf zweispurigen Straßen fahren die Römer in vier Reihen auf Tuchfühlung nebeneinander. Motorroller kurven mit akrobatischem Geschick zwischen den Autokolonnen durch. Im Kampf um Zentimeter auf dem Asphalt verwandeln sich römische Autofahrer in erbitterte Nahkämpfer und unterstreichen ihre Ungeduld gerne mit ohrenbetäubenden Hupkonzerten. Gerade für Deutsche ist das italienische **Verkehrschaos** unüberschaubar und nervenaufreibend. Einmal am Ziel, sollten Sie Ihren Wagen daher in die Hotelgarage stellen und ihn erst wieder rausholen, wenn Sie abreisen oder Ausflüge in die Umgebung machen.

Ansonsten gilt: unbedingt einen **Stadtplan** dabei haben und die Route zum Hotel äußerst pingelig studieren.
Am leichtesten ist die Anreise mit dem **Zug**, denn Sie landen mitten in der Stadt, am zentralen Hauptbahnhof »Stazione Termini«. Von hier aus sind Sie mit Taxi, Bus oder U-Bahn in wenigen Minuten im Hotel. Wenn Sie es geschafft haben, Koffer und Taschen und Sie selbst wohlbehalten im Hotel gelandet sind, dann nehmen Sie am besten erst mal eine erfrischende Dusche.
Tauchen Sie dann ein ins römische Leben: Gegen Abend legt der **Sonnenuntergang** einen kupferfarbenen Schleier auf die Fassaden der Altstadt, die ersten Laternen gehen an, und es scheint, als zöge die Stadt ihr **Festkleid** an: Jetzt ist Rom wirklich magisch!

## INFO

*Nie ohne »mappa«*
Rom ist nicht an einem Tag erbaut – das bekommen Sie vor allem zu spüren, wenn Sie ohne »mappa«, ohne Stadtplan loslaufen. In der Innenstadt verläuft kaum eine Straße parallel zu einer anderen. Wenn Sie der festen Meinung sind, daß Ihr Orientierungssinn reicht – hier werden Sie garantiert eines Besseren belehrt. In Ihrem Hotel bekommen Sie kostenlos einen kleinen Faltplan für die Tasche, mit dem Sie sich im Herzen der Altstadt zurechtfinden können. Für ganz Rom ist der gute alte Falk-Plan immer noch einer der ausführlichsten und sehr handlich.

# VIERTELÜBERBLICK

# *Ghetto*

Obwohl es natürlich kein Sperrbezirk mehr ist, nennen alle Römer das Viertel zu Füßen des Kapitols immer noch »Ghetto«. Papst Paul IV. verbannte die **römischen Juden** 1555 per Erlaß hinter eine hohe Mauer, und bis zu 9.000 Menschen mußten bis zum Ende des 19. Jahrhunderts im »Hebräerdorf« auf engstem Raum zusammenleben.

Wer heute vom lärmenden **Largo di Torre Argentina** in die Straßen des Ghetto eintaucht, kann das immer noch spüren: Die Häuser stehen so dichtgedrängt, daß gerade ein Auto durchkommt. Aus **Platzmangel** sind sie in die Höhe gewachsen. Wenn Sie einen Blick in einen der Hauseingänge erhaschen, können Sie die steilen Treppen sehen, die zu den Wohnungen führen. Sie sind dunkel, weil die Sonne auch tagsüber nicht in die **engen Gassen** vordringt. Dafür verschandeln weder Fastfood-Imbisse noch Souvenirläden die Fassaden, statt dessen finden Sie viele kleine Wäscheläden, jüdische Bäcker und koschere Schlachter. Über den Gassen spannen die Hausfrauen ihre Wäscheleinen. In den Gaststätten ißt man jüdisch-römische Spezialitäten wie frittierte Artischocken (→ S. 71).

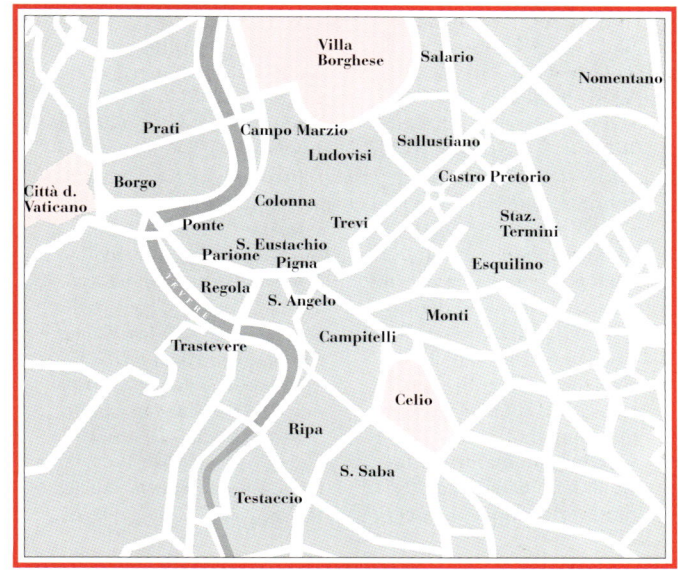

## VIERTELÜBERBLICK

Heute leben noch mehrere hundert jüdische Familien im Viertel, und die Bewohner bilden eine echte **Gemeinschaft.** Sie treffen sich am späten Nachmittag auf der Straße vor ihren Häusern. Nach Einbruch der Dunkelheit kehrt **idyllische Ruhe** im Viertel ein, und die Sträßchen haben im Schummerlicht der Laternen an den Hauswänden etwas Majestätisches.

# *Historisches Zentrum*

Wenn Römer vom »centro storico«, dem **historischen Zentrum**, sprechen, dann meinen sie vor allem die Gegend zwischen dem Regierungsviertel um die Piazza Montecitorio, dem Pantheon (→ S. 20) und dem Campo de' Fiori (→ S. 57): die engen Straßenzüge, die von ockergelben oder zinnroten »palazzi«, den **Wohnhäusern,** von strahlend weißen **Barockkirchen** und dunklen **Renaissancepalästen** gesäumt sind. Den Reiz dieser Gegend machen die vielen Plätze aus, die das **Gassengewirr** wie kleine Oasen überall unterbrechen:

---

### INFO

***Das »EUR«***

EUR – das steht für »Esposizione Universale di Roma«. Anläßlich der Weltausstellung, die 1942 in Rom stattfinden sollte, ließ der Diktator Benito Mussolini diesen monumentalen Stadtteil bauen. Die Messe fand nie statt, weil der 2. Weltkrieg tobte, doch das Viertel wurde nach dem Krieg vollendet. Bis heute ist es ein Zeugnis überdimensionaler faschistischer Architektur. Heute ist das EUR der einzige römische Stadtteil, der den Anforderungen einer modernen Metropole mit breiten Straßen und Grünanlagen entspricht. Hier stehen die gigantischen Verwaltungsgebäude vieler Ministerien, Banken und staatlicher Konzerne. Mittelpunkt ist das »Colosseo Quadrato«, das viereckige Kolosseum. Ein strahlend weißer, quadratischer Palazzo mit 216 Fensterbögen. Sie sehen das Gebäude auch, wenn Sie vom Flughafen in die Stadt fahren. Heute hat das »Museo della Civiltà Romana« hier seinen Sitz.

# VIERTELÜBERBLICK

*Brunnen auf der Piazza Navona*

große **Plätze** mit prachtvollen Barockbrunnen wie die Piazza Navona (→ S. 20) und ganz kleine, wo unter rosenumrankten Balkons nur die paar Tische und Sonnenschirme einer **Trattoria** stehen. Man spaziert auf altem, holperigem Kopfsteinpflaster, denn für Gehsteige sind die Straßen zu eng. Und manchmal wird man von Motorrollern oder »macchine blu«, den Regierungskarossen, die oft in atemberaubendem Tempo durch die Gassen preschen, an die Wand gedrängt.

Im »Centro Storico« pulsiert das römische **Busineß**, und das ist vor allem die hohe **Politik**. Hier ist das Parlament im Palazzo Montecitorio (Piazza Montecitorio), der Senat im Palazzo Madama (Corso Rinascimento), hier haben die Regierung im Palazzo Chigi (Piazza Colonna) und Verwaltungsbehörden, Parteien und Zeitungsredaktionen in den Häusern drum herum ihren Sitz. Dazwischen liegen **Trend-Boutiquen**, **Delikatessenläden** und **Nobelgeschäfte**. Hier gibt es auch noch die alten »botteghe«, **Handwerksbetriebe**, in denen Möbel restauriert, Betten gebaut und Fahrräder repariert werden. Touristen, Politiker und Römer bevölkern von morgens bis nachts unzählige Restaurants und Bars.

Jenseits des lärmenden Corso Vittorio Emanuele, der von der Piazza Venezia bis zum Tiber führt, liegt der **Campo de' Fiori**. In den Gassen, die hier noch enger und von kleineren Häusern gesäumt sind, herrscht fast **dörfliche** Atmosphäre. Wer in dieser Ecke von Rom wohnt, kennt seine Nach-

## VIERTELÜBERBLICK

barn, in der Trattoria nebenan kocht manchmal sogar noch die **Mamma**, und im Mittelpunkt steht der pittoreske **Markt**, der jeden Morgen auf dem Campo abgehalten wird.

## Monti

Kennen Sie den Schriftsteller **Luciano de Crescenzo**, der in »Also sprach Bellavista« die Macken seiner Landsleute so liebevoll auf den Arm nimmt? Der Bestseller-Autor ist der typische Neubürger des »Quartiere Monti«: der wohlhabende Intellektuelle, der die **ursprüngliche Atmosphäre** im Kleine-Leute-Viertel liebt. Denn hier haben viele Handwerksbetriebe, Läden und Einwohner überlebt, die anderswo von Spekulanten weggefegt worden sind. In der Bar an der Ecke können Sie noch den harten römischen Dialekt hören. Die **Gassen** zwischen den dunkelockerfarbenen Fassaden sind recht düster. Am Rande des Viertels, direkt gegenüber des Kolosseums, liegt auf einem Hügel die **Villa Caelimontana**, ein kleiner Park, aus dem antike Ruinen ragen: Überreste des Goldenen Hauses von Nero. Im **Park** spielen Kinder aus dem Viertel, und vom kleinen Gartencafé im Gründerzeitkiosk aus kann man einen Blick auf das Kolosseum erheischen. Das eigentliche kunsthistorische Highlight im Monti-Viertel ist die Kirche **San Pietro in Vincoli** (Piazza di San Pietro in Vincoli), deren Fundamente im 5. Jahrhundert gelegt wurden: Im Hochaltar werden die Ketten aufbewahrt, mit denen Petrus im Mamertinischen Kerker gefesselt war, und in der Kirche steht die berühmte »Moses«-Skulptur von Michelangelo.

## San Pietro und der Borgo

Wenn Sie vom Tiber über die breite Via della Conciliazione auf den **Petersdom** zugehen, werden Ihnen die Menschen, die Sie in der Ferne auf den Domtreppen hinauflaufen sehen, wie ein nicht abreißender Ameisenstrom vorkommen. Myriaden Gläubiger, Pilger, Nonnen und Priester, Touristen und Kunstfreaks bevölkern 365 Tage im Jahr das Viertel »San Pietro«, wo alles im Zeichen von **Papst** und **Kirche** steht. Architektonisch dominieren der gewaltige Petersdom (→ S. 34) mit dem dahinterliegenden Vatikanstaat (→ S. 18) sowie die wuchtige Engelsburg am Tiber die Gegend.

# VIERTELÜBERBLICK

*Der Petersdom*

Dazwischen duckt sich der »Borgo«, das mittelalterliche **Kleine-Leute-Viertel** im Schatten der Leoninischen Mauer, die vom Vatikan zur Engelsburg führt.

Einst beherrschten die engen Gassen mit den niedrigen Häusern diese Gegend. Aus einem der verwinkelten Sträßchen trat man direkt auf den Petersplatz. Erst Mussolini ließ die Hälfte des Stadtteils niederreißen und schlug mit der **Via della Conciliazione** eine breite Schneise vom Tiber zum Dom – ganz im imperialistischen Baustil des Faschismus mit klotzigen, nüchternen Gebäuden an beiden Seiten der Straße. Der Rest des Borgo hat sich trotz Kahlschlag und modernem Massentourismus seinen ursprünglichen **Charme** erhalten. An der zentralen Piazza della Vaschetta treffen sich Jugendliche, und nachmittags sitzen Frauen auf den Bänken unter den Bäumen und schaukeln ihre Babys in Kinderwagen. Es gibt traditionelle Gaststätten, Kneipen und einige moderne Musiklokale.

## *Trastevere*

Das Paradies für **Nachtschwärmer**: In »Trastevere« gibt es so viele Restaurants, Pizzerien, Eisdielen, Kneipen und Cocktailbars, daß Sie vom Aperitif bei Sonnenuntergang bis zum »Nightcup«, dem Gute-Nacht-Drink um 3 Uhr morgens, alles in diesem Viertel zu sich nehmen können. Römer und Touristen speisen an unzähligen **Tischen**, die die Lokale auf Plätze und Straßen stellen. Man sitzt dichtgedrängt unter Laternen und Weinlaub. Aus den Straßen erhebt sich ein ausgelassenes **Stimmengewirr**. Aber Trastevere lohnt natürlich auch tagsüber einen Besuch. Sie erreichen das Viertel, jenseits des Tiber von der Altstadt aus über den Ponte Sisto oder über die Tiberinsel (→ S. 40). Vom einstigen **Arbeiterviertel** steht

# VIERTELÜBERBLICK

*Typische Fassade in Trastevere*

nur noch die Fassade. Die verschachtelten **Häuschen** sind fast durchweg saniert und leuchten jetzt in schmucken Farben: gelb, ocker und rot. Die Wucherpreise können sich zwar nur noch Ausländer, Filmstars oder Manager leisten, aber das hat der **Atmosphäre** in diesem **Dorf** mitten in der Millionenstadt zum Glück keinen Abbruch getan. Über den Straßen hängen die Bewohner ihre Wäsche zum

---

### INFO

*Vatikan-Staat*
Der Papst ist nicht nur Oberhaupt der Kirche, er ist auch Herrscher über den kleinsten Staat der Welt. Seine Macht beschränkt sich auf die 44 Hektar kleine Fläche innerhalb der Vatikanischen Mauern, auf Petersdom und Petersplatz. Die Grenzen wurden in den Lateranverträgen von 1929 zwischen Italien und dem Vatikan festgeschrieben.

Der Papst hat heute noch knapp 1.000 »Untertanen«, die Bürger des Staates. Es gibt eine Hymne und ein KFZ-Zeichen: »SVC«, Stato della Città del Vaticano. Eine Mini-Armee aus 100 Schweizer Soldaten in blaugelben Renaissanceuniformen bewacht traditionell die Grenztore. Einblicke in den Staat verschafft Ihnen eine Bustour durch die Vatikanischen Gärten (→ S. 56).

Trocknen auf, und nachmittags trifft man sich zum Plausch in der Bar an der Ecke. Tagsüber kommen die **Römer**, um in kleinen Boutiquen, alternativen Läden und traditionellen Bäckereien einzukaufen. Auf der Piazza San Cosimato ist jeden Morgen **Markt**. In der Mitte des Viertels erhebt sich die Kirche **Santa Maria in Trastevere** an der gleichnamigen Piazza. Sie ist die älteste Marienkirche der Welt aus dem 3. Jahrhundert n.Chr. Schmuckstück ist ein **Goldmosaik** auf der Fassade, das tagsüber im Sonnenlicht glitzert und nachts von Scheinwerfern angeleuchtet wird. Verwunschene **Ecken** und stille **Innenhöfe** sind genauso Markenzeichen dieses Viertels wie der ausgeprägte **Marienkult**: Fast alle Bewohner haben ihrer Madonna eine kleine Nische an der Hauswand gewidmet.

## *Zwischen Piazza Navona und Pantheon*

In den Straßen, die sich vom Tiber über die Piazza Navona (→ S. 20) und das Pantheon (→ S. 34) bis zur Via del Corso schlängeln, pulsiert das römische »Busineß«, das eine bunte Mischung aus **Politik** und **Tourismus** ist. Hier ist Rom Hauptstadt: Palazzo Madama (Senatsgebäude), Montecitorio (Abgeordnetenhaus) und Palazzo Chigi (Regierungspalast) sind jeweils nur wenige Meter voneinander entfernt. Hundertschaften Carabinieri, Polizisten und Vigili versuchen, dem Ansturm der sirenenheulenden Eskorten Herr zu werden und die Sicherheit der »onorevoli«, Parlamentarier, Staatssekretäre und Minister, zu garantieren. Mittags und abends teilen sich Politiker mit Journalisten, Leuten aus der Modewelt, Bankern und Tausenden Touristen Cafés und Restaurants. In den engen Sträßchen liegen **pikfeine Geschäfte**, die keine weltberühmten Namen haben, wo aber Roms **High-Society** kauft: Mode bei »Cenci« (Via Campo Marzio 4-7), Stoffe bei »Bises« (Via del Gesù 93), Pfeifen bei »Carmignani« (Via della Colonna Antonina 42) oder Wein in der »Enoteca al Parlamento« (Via dei Prefetti 15).

Es herrscht immer **Hochbetrieb**, jedenfalls von Montagabend bis Freitagmorgen, wenn die Politik ins Wochenende geht. Viele der Wohnungen, die nicht Behörden, Ministerien, Parlamentariern und Zeitungsredaktionen als Büros dienen, sind an die Politiker vermietet. Dazwischen liegen unzählige Hotels und Pensionen.

# Rendezvous mit der Piazza Navona

Nun liegt sie Ihnen zu Füßen, und Sie brauchen nur vor die Tür zu treten, um sie zu erobern. Aber wo anfangen in einer Stadt, die fast 3.000 Jahre alt ist, die ein einziges **Museum** und eine riesige **Ausgrabungsstätte** ist? Um Rom zu verstehen, reicht nicht einmal ein Menschenleben, haben viele große Rom-Reisende gesagt. Papst Leo XIII. soll während einer Audienz einen Besucher befragt haben, wie lange er schon in Rom sei. »Drei Wochen«, antwortete der. »Und

Die »Fontana dei Fiumi« auf der Piazza Navona

# INS HERZ DER STADT

wie gefällt es Ihnen?« »Oh, ich glaube, schon einen ganz guten Überblick zu haben«. Der Papst schmunzelte: »Lassen Sie sich beglückwünschen. Ich bin schon über 30 Jahre hier und beginne gerade erst zu ahnen, was Rom eigentlich ist«.
Das soll Sie nicht entmutigen, denn auch in wenigen Tagen kann man eine Menge Rom erleben. Beginnen Sie mit dem **Spaziergang** durch die **Innenstadt** in der Nähe der Spanischen Treppe. Auf dem Weg zur **Piazza Navona** kommen Sie an eleganten Geschäften und kleinen Handwerksbetrieben vorbei. Genehmigen Sie sich ein erstes Eis bei »Giolitti« (→ S. 78). Sie sehen das heillose Durcheinander vor dem **Parlamentsgebäude** am »Montecitorio« und auf der schnurgeraden Einkaufsmeile Via del Corso, wo Dutzende »Vigili«, die strengen Verkehrspolizisten, versuchen, die Sicherheit der ankommenden Herren Politiker in blitzenden Staatskarossen zu garantieren. Wer dem Staatspräsidenten einen Besuch abstatten will, muß am **Trevi-Brunnen** (→ S. 31) zum **Quirinalspalast** hochlaufen. Papst Gregor VIII. ließ sich das riesige Bauwerk 1574 als Sommerresidenz bauen. Später wohnten die Könige Italiens darin. Die **Barockgärten** im Inneren sind berühmt, aber leider nicht zugänglich. Versuchen Sie, einen Blick vorbei an den Palastwachen zu erheischen.
In der Altstadt laufen Sie durch kleine Gassen Ihrem Ziel entgegen. Und wenn sich vor Ihnen plötzlich die riesige **Piazza Navona** auftut, werden Sie sich fragen: Wer kam bloß auf die Idee, eine so lange Piazza zu bauen? In der Antike war dieses lange Rechteck mit abgerundeten Ecken eine von vielen **Arenen**. Kaiser Domitian ließ sie mit Wasser füllen und veranstaltete künstliche Seeschlachten zur Volksbelustigung. Im

### SIE KOMMEN AN

---

## ERHOLUNGSTIP

***Essen wie Anno dazumal***
In der Via dei Banchi Nr. 14 gibt es sie noch, eine der ganz ursprünglichen Trattorien.
Das Lokal hat keinen Namen, und es kommt auf den Tisch, was die Mamma kocht: Pasta mit Tomatensauce, ein Fleischgericht und hinterher »ciambelle«, trockene Kekse, die man in den restlichen Wein tunkt. Sie sitzen zwischen Arbeitern, Studenten und Leuten wie Sie selbst, die für das schlichte Flair des Lokals eine Schwäche haben.

# INS HERZ DER STADT

Laufe der Jahrhunderte bauten die Römer ihre Häuser einfach dort, wo sich früher die Zuschauerränge befanden. Die Bauten aus der **Antike** waren so solide konstruiert, daß man sich ein besseres Fundament nicht vorstellen konnte.
In der Mitte der Piazza spielt sich seit dem 16. Jahrhundert das **Drama** zweier großer Barockkünstler (→ s. u.) in steinernen Formen ab: Francesco Borromini baute die Kirche Sant'Agnese in Agone, sein Erzfeind Gian Lorenzo Bernini stellte den »Vier Ströme Brunnen« direkt davor auf. Kein Wunder, daß die Figuren auf dem Brunnen die Hände wie in verzweifelter Abwehr gegen die Fassade der Kirche erheben.
Für die Römer ist die Piazza Navona heute nicht nur ein zentraler **Treffpunkt**, sondern ihr »salotto«, ihr zweites **Zuhause**. Den ganzen Tag bis spät in die Nacht ist der Platz **Bühne der Eitelkeiten** für Selbstdarsteller, selbsternannte Künstler und Gaukler.
Abends vertreibt man sich die Zeit bei einem **Aperitif** im Café oder mit einem **Eis** in der Hand zwischen Nippesverkäufern und Kartenlesern.
Nach diesem Spaziergang werden Sie einen ersten Eindruck von dieser 2.000 Jahre alten Metropole haben – und es wird ganz sicher ein überwältigender sein!

## INFO

***Bernini und Borromini***
Hüpfende Engel, wogende Kuppeln und tanzende Säulen: Rom ist die Stadt des Barock's, der Bewegung, die in Marmor und Stein Form annimmt. Die Baumeister und Bildhauer Gian Lorenzo Bernini (1598-1680) und Francesco Borromini (1599-1667) waren Genies dieses Genres und prägten das Bild der Stadt. Bernini schuf den Petersplatz, den bombastischen Baldachin-Altar im Petersdom (→ S. 34), den Tritonenbrunnen auf der Piazza Barberini, und er arbeitete am Trevi-Brunnen (→ S. 31). Borromini baute Kirchen und arbeitete am Palazzo Spada (→ S. 47). Beide hinterließen ihre Spuren am Palazzo Barberini.
Doch die beiden Künstler waren auch erbitterte Konkurrenten: Borromini wollte sein Idol um jeden Preis überflügeln. Aber als er einsehen mußte, daß Berninis Ruhm nicht zu übertreffen war, stieß er sich einen Dolch in den Bauch.

# UNTERWEGS – WIE MIT EINEM FREUND

- *Sightseeing*
- *Sehenswürdigkeiten*
- *Großstadt-Oasen*
- *Auf Tour*
- *Museen*
- *Märkte*
- *Shopping*

## UNTERWEGS – WIE MIT EINEM FREUND

Rom ist die Stadt der kunsthistorischen **Superlative**: Es gibt das größte und das älteste Museum der Welt, die größte Kirche, die meisten Ausgrabungen, Tausende Brunnen und noch mehr Säulen, Statuen und Inschriften. Spätestens nach dem ersten Tag, wenn Sie erschöpft in die Kissen sinken, werden Sie es einsehen: Eine Woche reicht nicht aus, um alles zu sehen. Treffen Sie eine kleine, feine **Auswahl**.

Gönnen Sie sich aber auch ein, zwei Tage, an denen Sie sich einfach durch die verzweigten Gassen der Altstadt treiben lassen, ohne ein konkretes Ziel. Erst dann wird der kleine **Ausschnitt**, den Sie von Rom mit nach Hause nehmen, ein bißchen runder sein.

# *Ganz Rom in drei Stunden*

Eigentlich können Sie in Rom auf jeden **Linienbus** aufspringen, der durch die Innenstadt fährt, und Sightseeing zum Spottpreis machen – der Fahrschein kostet ja nur Lit 1.500. Aber abgesehen davon, daß Sie vor lauter Gedrängel nichts sehen werden, kann das auch ein teurer Spaß werden: Genau diese Touristenrouten sind das Eldorado römischer **Taschendiebe**. Die städtischen Verkehrsbetriebe A.T.A.C. bieten darum eine günstige Alternative an: Für Lit 15.000 werden Sie drei Stunden lang in einem ausrangierten Linienbus an 43 der wichtigsten **Sehenswürdigkeiten** vorbeikutschiert. Abfahrt ist am **Hauptbahnhof** »Stazione Termini«, wo Sie am A.T.A.C.-Häuschen die Fahrscheine bekommen. Gleich dahinter stehen die blauen Busse mit der Nummer 110, die so klapprig sind wie die orangefarbenen Linienbusse, aber wenigstens Sitzbänke bieten. Als erstes führt die Tour auf die **Via Veneto** (siehe Nightlife, Info Dolce vita) und über die **Piazza Barberini**. In der Mitte der Piazza steht der »Tritonenbrunnen« von Bernini, benannt nach dem »Triton«, einem Fischmenschen, der auf dem Brunnen thront.

Weiter geht's durch den **Borghese-Park** (→ S. 41) zur **Piazza del Popolo**, an der **Engelsburg** vorbei zum **Petersdom** (→ S. 34), von dort durch den **Corso Vittorio Emanuele** und über die **Piazza Venezia** mit dem monumentalen weißen Nationaldenkmal zum **Kapitol**, einem der ersten bewohnten Hügel Roms und Sitz des römischen Bürgermeisters. Von seinem Amtszimmer hat der übrigens den schönsten Ausblick der Stadt: direkt auf die Ruinen des Forum Romanum dahinter. Der Bus bringt Sie weiter in Richtung **Zirkus Maximus**

# SIGHTSEEING

*Bocca della Verità*

(→ S. 29), vorbei am zierlichen **Vesta-Tempel** (→ S. 31), den antiken **Caracalla-Thermen** (→ S. 29) und dem **Kolosseum** (→ S. 32).
Sie kommen auf dieser Tour auch an der Kirche **San Giovanni in Laterano** vorbei. Sie gehört zu den Hauptkirchen Roms und ist die »Vorgängerin« des Petersdoms. Hier residierte der Papst bis zum 16. Jahrhundert. Bitten Sie den Fahrer, wenn die Zeit reicht, einen Extra-Stop einzulegen. Die Intarsien, Fresken und der Altar mit einem blaugoldenen Baldachin wie aus Tausendundeiner Nacht machen die Kirche zu einem Prachtstück.
Am Ende Ihrer Rom-Rundfahrt kommen Sie an der Kirche **Santa Maria Maggiore** vorbei, die ebenfalls zu den Hauptkirchen gehört.
Am Petersdom, am Kapitol, am Kolosseum und an der Kirche Santa Maria in Cosmedin mit der »Bocca della Verità«, dem Mund der Wahrheit (→ s. u.), hält der Bus jeweils 20 Minuten für die Besichtigung.

## INFO

### Bocca della Verità
Machen Sie es wie Audrey Hepburn in dem Film »Ein Herz und eine Krone«: Legen Sie Ihre Hand in die »Bocca della Verità«, den Mund der Wahrheit. Wenn Sie gelogen haben, wird sie Ihnen abgebissen. Ein Märchen? Warum zögern Sie dann! Die Steinmaske, die einst auch als Orakel diente, soll früher ein Kanaldeckel der »Cloaca maxima«, des antiken Abwassersystems, gewesen sein. Später brachten Römer ihre Ehefrauen hierher, wenn sie an deren Treue zweifelten. Heute steht der mühlenradgroße Stein in der Vorhalle der Kirche Santa Maria in Cosmedin an der Piazza Bocca della Verità.

## SIGHTSEEING

Vom Fahrer bekommt jeder Gast einen **Streckenplan** mit den wichtigsten Daten zu den **Sehenswürdigkeiten**, und er berichtet viel **Wissenswertes** und **Amüsantes** während der gesamten Tour.
Abfahrt ist jeden Tag um 15.30 Uhr, von Oktober bis März um 14.30 Uhr.

# *Unter römischen Brücken*

Der **Tiber** war den heidnischen Römern heilig und dementsprechend die **Brücken**, die über den Fluß geschlagen wurden. Die Brückenbauer, die »pontifices«, hatten sogar eine **Priesterfunktion**. Der »Pontifex Maximus« war der oberste Priester, ein Titel, der später von den Päpsten übernommen wurde. Heute liegt der Fluß etwas vergessen zwischen den Uferstraßen, dem »Lungotevere«. Hier und auf den Brücken rast der höllische römische **Verkehr** entlang. Entziehen Sie sich diesem Chaos, und gehen Sie mit dem Dampfer »Tiber II« auf eine geruhsame und trotzdem spannende **Entdeckungsreise**. Abfahrt ist am Ponte Umberto I, in der Nähe der Piazza Navona. Die Tour dauert rund eineinhalb Stunden und führt Sie unter den eindrucksvollen Brücken über den Tiber hindurch. Flußabwärts sehen Sie die »Engelsbrücke« vor der **Engelsburg**. Kaiser Hadrian schlug sie über den Tiber, um sein riesiges **Mausoleum** mit der Innenstadt zu verbinden. Im 17. Jahrhundert schmückte der Barockkünstler Gian Lorenzo Bernini den Übergang mit zehn beschwingten **Marmorengeln** und machte sie damit zur schönsten Brücke der Stadt. Der riesige klassizistische Bau gegenüber der Anlegestelle ist der **Justizpalast**. Die Römer nennen ihn abfällig den »Pala-

---

### INFO

*SPQR*
Die vier Buchstaben »SPQR« finden Sie von Wind und Wetter ausgewaschen auf jahrtausendealten Mauerresten genauso wie frisch gemeißelt auf zeitgenössischen Bauwerken in Rom. Sie stehen für »Senatus Populusque Romanus«, Senat und Volk von Rom. In diesen wenigen Worten liegt der ganze Nationalstolz der Römer.

# SIGHTSEEING

zzaccio«, weil sie solch geschmacklose Protzbauten aus der Gründerzeit in ihrer schönen Stadt für überflüssig halten.
Die Fahrt geht jetzt flußaufwärts. Nächste Station ist der »Ponte Cavour«. Bevor Mussolini die riesigen Uferbefestigungen bauen ließ, lag hier der malerische **Ripetta-Hafen**, eine Anlage aus der Barockepoche, die leider völlig unter dem Zement verschwand. Die Brücke stammt aus dem Jahr 1902 und sollte das damals neue Wohnviertel **Prati** mit der Innenstadt verbinden. Am Ufer hinter der Brücke steht die »Ara Pacis Augustae«. Der **Friedensaltar** für Kaiser Augustus ist eins der wichtigsten Werke antiker Bildhauerkunst. Entlang dem Fluß liegen befestigte Hausboote, auf denen Senioren Rumpfbeugen machen oder in der Sonne liegen. Die Boote sind meistens die **Clubhäuser** von Betriebssportstätten, die am Lungotevere Tennisplätze und Ruderclubs unterhalten.
Vor Ihnen liegt jetzt die Brücke, die 1891 der Savoyer-**Königin Margherita** gewidmet wurde. Die Italiener verehrten sie für ihren guten Geschmack und ihre Raffinesse. Am rechten Ufer beginnt nach der **Piazza del Popolo** das Wohnviertel **Flaminio**, das erst in diesem Jahrhundert entstand. Mit dem gegenüberliegenden Prati ist es durch den »Ponte Matteotti« verbunden. Ein typisch faschistisches Bauwerk - in Anlehnung an die Antike wurde die Brücke mit Steinen verkleidet, wie man sie auch damals benutzte. Unter der eleganten »Ponte Risorgimento« hindurch erreichen Sie den »Ponte Duca d'Aosta«. Die Brücke wurde erst 1942 gebaut und verbindet den Stadtteil Flaminio mit dem Olympiastadion. Sie ist heute eine der wichtigsten

## ERHOLUNGSTIP

***Isola del Sole***
Ein Paradies für Sonnenanbeter: In einem Hausboot am Tiberufer hat Clelia Bendandi ihr Restaurant eingerichtet.
Sie serviert frische Pasta mit Gemüse, Miesmuscheln, frischen Fisch oder Carpaccio. Tagsüber sitzt man auf dem Steg in der Sonne, abends klimpert zum Mondschein ein Pianospieler.
▶ **Lungotevere Arnaldo da Brescia (Scalo di Pinedo), nördlich der Piazza del Popolo, Tel. 320 14 00, Mo geschl., obere Kat.** ◆ **E2**

## SIGHTSEEING

**Verkehrsadern**, nicht nur am Sonntag, wenn sich hier die Fans auf dem Weg zum Fußballstadion stauen.
Eine der ältesten Brücken von Rom dürfen Sie nicht verpassen, den »Ponte Milvio«, erbaut 109 v.Chr. Über sie führte einst die **Konsularstraße Flaminia** in den Norden, heute ist sie eine Fußgängerbrücke. Hier wurden entscheidende Kämpfe in der Geschichte des **römischen Reichs** ausgefochten. Zum Beispiel siegte ganz in der Nähe Konstantin über die Truppen von Kaiser Massentius und besiegelte damit den Triumph der Christen über die Heiden Roms. Auf der linken Seite liegt der **Monte Mario**, auf den sich die Via della Camilluccia, eine der feinsten römischen **Wohnstraßen** außerhalb des Zentrums hinaufschlängelt.
Nach dieser Etappe geht die Tour zurück in Richtung Innenstadt. Im grüngelben Wasser werden Sie an vielen Stellen Bagger sehen, die das Flußbett ausheben. Auch der **Tiber**, der so lange von den Römern vergessen wurde, soll zum »Heiligen Jahr 2000« (→ S. 9) wiederbelebt und überall schiffbar gemacht werden. Mit dem Voranschreiten der Arbeiten wird auch die Brückentour auf die antiken Brücken bis zur Tiberinsel ausgedehnt werden.

▶ **»Sotto i ponti di Roma«, Abfahrt Ponte Umberto I., Lungotevere Tor di Nona, gegenüber dem Justizpalast, täglich 11 Uhr, Lit 20.000, Auskunft über Tourvisa, Via Marghera 32, Hauptbahnhof, Tel. 446 34 81. ◆D4**

*Die Engelsbrücke über den Tiber*

# SEHENSWÜRDIGKEITEN

*Überreste der antiken Caracalla-Thermen*

## Caracalla-Thermen

Unsere öffentlichen Badeanstalten sind armselige Tümpel gegen die **Thermenanlagen** der **Antike**. Nicht nur, daß viel mehr Menschen ohne Gedrängel in ihnen Platz hatten. Hier wurde auch was fürs Auge geboten, damit das Bad oder der Saunabesuch zur echten **Entspannung** wurden. Zu sehen ist das bis heute in den »Caracalla-Thermen«. Zwischen den riesigen Außenmauern können Sie über hübsche **Mosaike** wandern, mit denen die Bäder ausgestattet waren. Die Thermen wurden vom römischen Kaiser Caracalla gebaut und faßten 1.600 Besucher. Die **Opernfestspiele**, für die die Ruinen bis vor kurzem als Kulisse dienten, finden vorläufig nicht statt, um die Substanz zu schonen.
▶ **Via delle Terme di Caracalla, Tel. 575 86 26, Sommer 9-17.30 Uhr, Winter 9-15 Uhr, So, Mo 9-13 Uhr, Lit 8.000. ◆G/H9**

## Die Foren

Benvenuti - herzlich willkommen, im **Herzen des Weltreichs** von einst. 700 Jahre lang wurde von hier aus das römische Imperium regiert. Heute sind die Foren von der Via dei Fori Imperiali durchtrennt, die Musso-

# SEHENSWÜRDIGKEITEN

*Das Forum Romanum*

lini durch die Ausgrabungsstätte schlug. Wenn Sie auf das Kolosseum zugehen, liegen links die **Kaiserforen**. Am besten erhalten ist das »Trajansforum« mit der 30 Meter hohen »Trajanssäule« (→ S. 53) und den »Trajanischen Märkten«, eine Art antiker Ladenpassage mit einem Halbrund aus rotem Ziegel.

Auf der anderen Straßenseite liegt das **Forum Romanum** zwischen Kapitols- und Palatins-Hügel. Der Etruskerkönig Tarquinius Superbus legte das Sumpfgebiet mit einem Abwassersystem trocken, das der Stadt

---

## ERHOLUNGSTIP

### Roseta di Roma

Vor allem im Mai und im Juni zur Rosenblüte eine duftende Pracht: der römische Rosengarten. Er liegt am Fuß des Aventin-Hügels und ist für römische Verhältnisse selten gepflegt. Sie haben nicht nur einen traumhaften Panoramablick auf den Zirkus Maximus und den Palatin, hier können Sie auch zuschauen, wie Fotografen den »schönsten Tag im Leben« eines Brautpaars unter rankenden Rosen verewigen.
▶ **Via di Valle Murcia.** ◆F8

heute noch dient: der »Cloaca Maxima«.

Direkt hinter dem Eingang laufen Sie über die »Via Sacra«, die **Heilige Straße**, die von Tempeln gesäumt war, und auf der die Feldherren nach einem Triumph in die Stadt einzogen. Dahinter liegt der »Lapis Niger«, vermutlich das **Grab** des Stadtgründers **Romulus** (→ S. 77), und rechts der kubusförmige Bau der **Kurie**, wo der Senat tagte.

Vor Ihnen erhebt sich der **Triumphbogen** des Septimius Severus, links davon die »Rostra«, die einstige Rednerbühne. Wenn Sie zurückgehen, sehen Sie rechts die drei Säulen des »Kastor- und Pollux-Tempels«, dahinter den »Tempel der Vesta« und den »Hof der Vestalinnen«. **Vesta** war die Göttin des Herdfeuers, die gemeinsam mit Jupiter besonders verehrt wurde. Am »Titusbogen« vorbei kommen Sie auf den **Palatin**, wo einst reiche Leute und die Familien der Kaiser wohnten. Vom südlichen Rand des Palatins haben Sie einen wunderbaren Panoramablick auf den **Zirkus Maximus**.

Erinnern Sie sich noch an den Film Ben Hur? Die spannenden Wagenrennen wurden hier vor 250.000 Zuschauern ausgetragen!

▶ **Trajansforum, Via IV Novembre 94, Tel. 67 10 36 13, Sommer 9-13.30 Uhr, Di, Do, Sa 9-18 Uhr, Winter 9-13.30 Uhr, So 9-13 Uhr, Mo geschl., Lit 3.750. Forum Romanum und Palatin, Via dei Fori Imperiali, Tel. 699 01 10, Sommer 9-18 Uhr, Winter 9-15 Uhr, So 9-13 Uhr, Lit 12.000. ◆G6**

# Fontana di Trevi

Schon in einer der kleinen Seitenstraßen, durch die Sie laufen, hören Sie die Fluten rauschen. Sie kommen näher, und da liegt er schon, an einer, wie es scheint, viel zu kleinen Piazza: der gewaltige Trevi-Brunnen, an dem auch der Barockkünstler **Bernini** baute. Unter den Füßen des Meeresgottes **Oceanus**, der in der Mitte der allegorischen Figuren steht, schäumt das Wasser hervor und fällt über Stufen hinunter. An einem

*Der Trevi-Brunnen*

# SEHENSWÜRDIGKEITEN

heißen Sommertag möchte man sich am liebsten in das kühle Naß stürzen – so, wie es eines nachts vor 35 Jahren **Anita Ekberg** tat, um den schönen **Marcello Mastroianni** zu verführen. Der Brunnen wurde ein Symbol für römisches »dolce vita«, jene legendären sündigen Nächte, die **Federico Fellini** auf Zelluloid bannte. Wenn Sie irgendwann nach Rom zurückkehren wollen, müssen Sie nur eine Münze mit der rechten Hand über die linke Schulter in den Brunnen werfen, und schon geht Ihr Wunsch in Erfüllung.
▶ **Piazza di Trevi. ◆F4**

# Kolosseum

70.000 Menschen jubelten auf den Rängen des Kolosseums, wenn die **Gladiatoren** in das Stadion einzogen, um mit den unterschiedlichsten **Tieren** zu kämpfen. Für die Römer der Antike waren die Spiele im **Amphitheater** so aufregend.

---

## ERHOLUNGSTIP

*Hadriansvilla*
Sie wollen einen ruhigen Tag einlegen, abseits des städtischen Trubels? Machen Sie einen Ausflug zur Hadriansvilla in Tivoli. Kaiser Hadrian (117-138 n.Chr.) verewigte hier seine Erinnerungen an die Reisen durch das Imperium: eine griechische Akademie, ein Tempeltal, Thermen, eine Inselvilla und vieles mehr. Besorgen Sie sich am Eingang den »Führer mit Rekonstruktionsversuchen«, und helfen Sie damit Ihrer Phantasie nach, wenn Sie durch den Ruinenpark schlendern. Lassen Sie sich zum Schluß auf der Wiese am Teich nieder. Mit Blick auf das ferne Rom können Sie hier so richtig die Seele baumeln lassen.
▶ **Tivoli, Di-So 9.30 Uhr bis eine Stunde vor Sonnenuntergang, Lit 8.000, Bus ab Piazza dei Cinquecento (Hauptbahnhof). ◆AU**

*Parkanlage*

# SEHENSWÜRDIGKEITEN

*Das monumentale Kolosseum*

wie für uns die Bundesliga. Die mutigen Kämpfer genossen den Ruhm von Hollywoodstars, und ihr Leben nährte den Klatsch jener Tage. Zur Einweihung des Amphitheaters im Jahr 79 n.Chr. veranstaltete **Kaiser Vespasian** 100tägige Spiele, bei denen zum Amüsement der Fans 5.000 Tiere und viele Gladiatoren ihr Leben ließen.

Leider nagen Smog und Erschütterungen an den Mauern dieses eindrucksvollen Runds. Bleibt nur zu hoffen, daß der technische Fortschritt nicht schafft, was Erdbeben und Weltkriege nicht vermochten. Denn ein Sprichwort sagt: »Solange das Kolosseum steht, wird auch Rom stehen. Wenn das Kolosseum fällt, wird auch Rom fallen. Wenn Rom fällt, wird auch die Welt fallen.«
▶ **Ende Via dei Fori Imperiali, Tel. 700 42 61, Sommer 9-19 Uhr, So und Mi 9-13 Uhr, Winter 9-15 Uhr, Lit 8.000. ◆G/H7**

## INFO

***Herder Libreria***
Wenn Sie Goethes »Italienische Reise« zu Hause vergessen haben: Die Bücherei »Herder« hat (fast) jeden Lesestoff in deutscher Sprache. Und: Alle Verkäufer sprechen fließend deutsch.
▶ **Piazza Montecitorio 117, Parlament, Tel. 679 46 28. ◆E4/5**

# SEHENSWÜRDIGKEITEN

# *Pantheon*

Ein Meister war am Werk, als dieser **Tempel**, der dem »göttlichen Herrscher geweiht« ist, konstruiert wurde. Der kunstbeflissene **Kaiser Hadrian** (→ S. 32) stellte dieses Prunkstück antiker Architektur 125 n.Chr. nach eigenen Plänen fertig. Es ist übrigens eins der wenigen, die so komplett bis heute erhalten sind. Das gilt vor allem für die gigantische, mit Kassetten dekorierte **Kuppel**, die sich über dem zylinderförmigen Bau erhebt. Sie ist größer als die Kuppel im Petersdom! Tageslicht dringt nur durch die neun Meter große **Öffnung im Dach** ein, die nicht abgedeckt ist. Wenn es regnet, läuft das Wasser durch die kleinen Abflüsse im Inneren des Tempels ab. Setzen Sie sich an eins der vielen Café-Tischchen auf der kleinen Piazza Rotonda, und bewundern Sie von hier aus das Pantheon mit dem grauen **Säulenvorbau**.

*Säulenvorbau des Pantheon*

▶ Piazza Rotonda, Tel. 68 30 02 30, Sommer Di, Do, Sa 9-18 Uhr, Mi, Fr 9-13.30 Uhr, So 9-13 Uhr, Winter 9-13.30 Uhr, So 9-13 Uhr, Mo geschl. ◆E5

# *Petersdom*

Treten Sie ein in das größte **Gotteshaus** der Welt! Unter Ihren Füßen ruht der Apostel Petrus, vor Ihnen steht der Altar, an dem der Papst die Messen liest. Gottesfurcht und Machthunger bewegte 30 Päpste in knapp 300 Jahren, die jeweils größten Künstler ihrer Zeit an Planung, Bau und Ausbau zu setzen. Den Grundstein für den **Dom** legte Papst Julius II. 1506 dort, wo schon seit dem 4. Jahrhundert n.Chr. die Petersbasilika stand. Donato Bramante schuf die Pläne für die kreuzförmige **Basilika**. **Michelangelo** begann den Bau der Kuppel, die Giacomo della Porta vollendete. Sie ist 120 Meter hoch! »Du bist Petrus, und auf diesen Stein will ich meine Kirche bauen, und Dir werde ich den Schlüssel des Himmelreiches geben«, steht auf einem Fries unterhalb der Kuppel. Hier kommt man dem Allmächtigen wirklich etwas näher. Man kann auch hinaufsteigen und den **atemberau-**

# SEHENSWÜRDIGKEITEN

benden **Ausblick** auf die ganze Stadt genießen. Carlo Maderna gestaltete die Fassade und verlängerte den Dom durch eine Vorhalle, inklusive derer er 211 Meter lang ist. Bernini schuf den goldumrankten Bronzealtar in Form eines Baldachins, der allein 29 Meter hoch ist und unter dem das Grab Petri liegt, sowie den gewaltigen **Petersplatz**: eine Ellipse, die von zwei Kolonnaden aus 284 Säulen eingegrenzt wird, auf denen 140 Papst- und Heiligenskulpturen stehen, und in dessen Mitte ein 25 Meter hoher Obelisk thront. Hier finden 150.000 Menschen Platz, der Dom faßt 60.000 Gläubige!
▶ **Vatikan, 7-19 Uhr.**
◆ **B4**

## Spanische Treppe

Frisch restauriert plätschert die weiße **Marmortreppe** vom Pincio-Hügel hinunter, bis sie sich wie ein Fächer zum Spanischen Platz hin öffnet. Sie kommt mit soviel Leichtigkeit und Eleganz daher, daß sie wie eine **natürliche Bühne** für das bunte Leben scheint. Zum vollendeten Triumph der Farben und Formen wird sie im Frühsommer, wenn sich ein Meer von rosafarbenem **Oleander** über die Stufen ergießt. In Sommernächten ist sie unter leuchtenden Sternen der schönste **Laufsteg** der Welt für die Kreationen römischer Modemacher, und tagsüber hocken auf den Stufen Lebenskünstler und junge Leute aus aller Welt in der Sonne.
Nach dem Willen der Bauherren, französischer Kardinäle, sollte sie eigentlich »Französische Treppe« heißen. Entscheidend war aber schließlich, daß zu Füßen der Treppe der Spanische Platz liegt, und mit der Zeit bürgerte sich der Name »Spanische Treppe« ein.
Für den Künstler **Francesco de Sanctis** ist diese Treppe (1723-1726) sein Meisterstück: Er schuf in seinem Leben kein anderes erwähnenswertes Werk.
▶ **Piazza di Spagna.** ◆ **F3/4**

*Elegant: die Spanische Treppe*

# INFO

# *Geschichtliches*

Wer weiß, was das Vogelorakel sprach, als Romulus es an einem Tag im Jahr 753 v.Chr. um Hilfe anrief: (→ S. 77) Sagten die Vögel die glanzvolle Zukunft der Stadt voraus? Hatte Romulus, der in einer Holzhütte lebte, das Weltreich der Zukunft gesehen?
Jedenfalls gründete er auf dem Palatin-Hügel eine kleine Stadt. »Roma Quadrata«, das viereckige Rom, war vermutlich nicht mehr als ein Dorf.
Seit dem 5. Jahrhundert wurde die Stadt als Republik von zwei Konsuln und dem Senat regiert.

## DAS RÖMISCHE REICH

Die Römer weiteten ihre Macht aus: erst auf die umliegenden Orte und Regionen, dann über das Meer auf andere Kontinente. Zur Zeit Caesars (gest. 44 v.Chr.) umfaßte das Reich Griechenland, Nordafrika, Spanien, Gallien (Frankreich) und Britannien. Noch später reichte das Imperium über das Mittelmeer bis nach Persien. Aus der Republik war mit Caesar ein Kaiserreich geworden.

## DIE STADT ROM

Auch Rom wuchs schnell weiter. Kaiser Augustus (30 v.Chr.- 14 n.Chr.) rühmte sich, aus der Stadt aus Ziegeln eine Stadt aus Marmor gemacht zu haben. Sie hatte rund eine Million Einwohner. Man wohnte in Wohnblocks, es gab Straßen, Abfallentsorgung, Wasserleitungen. Für Abwechslung im Alltag sorgten Thermen, Spiele und Feste.
Im 3. Jahrhundert bedeckte Rom bereits die Fläche, die die (erhaltene) Aurelianische Mauer umfaßte: Von der Piazza del Popolo bis San Giovanni, von Trastevere bis zur Porta Pia hinter dem Hauptbahnhof. Die Mauer hatte Kaiser Aurelian nach dem Überfall der Germanen 270 n.Chr. gebaut. Erst nach 1870 wuchs die Stadt darüber hinaus.

## DAS ROM DER PÄPSTE

Nachdem Kaiser Konstantin das Reich geteilt und die Hauptstadt des Oströmischen Reichs nach Byzanz (Konstantinopel) verlegt hatte, verfiel die Macht Roms. In Rom regierten jetzt die Päpste in einem eigenen Staat. Sie beriefen sich auf die »Konstantinische Schenkung«: Der Kaiser habe ihnen die Stadt bei der Teilung des Reichs überlassen, was sie im übrigen auch zu den rechtlichen Nachfolgern der römischen Kaiser mache. In diesen Jahrhunderten wurde das Zentrum der Stadt als Steinbruch benutzt, um Kirchen zu bauen. Darum findet man heute in vielen Gotteshäusern antike Säulen wieder.
Im Mittelalter degradierte Rom zu einer Kleinstadt, die zeitwei-

## DAS ROM DER RENAISSANCE

Neuen Aufschwung erlebte Rom erst durch die Renaissance im 15. Jahrhundert. Die Päpste, darunter Julius II. und Leo X. Medici, legten die Grundsteine zu Prachtbauten wie dem Petersdom und ließen daran Künstler wie Michelangelo, Raffael und Bramante arbeiten. Straßenachsen und Plätze wurden angelegt, Paläste und Kirchen gebaut.
Mit den Künstlern Bernini und Borromini (→ S. 22) erreichte der Barock im 17. Jahrhundert seine volle Blüte. Daran konnten auch Rückschläge wie der »Sacco di Roma«, die Plünderung Roms durch Karl V. im Jahr 1527, nichts ändern.

se nicht mehr als 30.000 Einwohner zählte. Im Forum Romanum grasten die Schafe.

## DIE RÖMISCHE NATION

Die Idee einer römischen Nation wurde aber erst im Risorgimento des 19. Jahrhunderts durch Mazzini und Garibaldi aufgegriffen. Rom wurde nach der Vereinigung Italiens 1870 Hauptstadt der Republik. Der Papst mußte sich in den Vatikan zurückziehen (→ S. 34).
1922 ergriff der faschistische Diktator Benito Mussolini die Macht. Rom als Hauptstadt eines neuen Mittelmeer-Imperiums – so war sein Traum – ließ er mit monumentalen Bauwerken (→ S. 27) und Straßenachsen pflastern. Seit 1946 ist Rom die Hauptstadt der Italienischen Republik.

*Die Zwillinge Remus und Romulus, von einer Wölfin gesäugt*

GROSSSTADT-OASEN

# *Der Aventin*

Wollen Sie wissen, wie reiche Römer das lärmende Leben in der Stadt aushalten? Sie ziehen auf den Aventin, oder vielmehr ziehen sie sich hierher zurück. Der Aventin ist einer der sieben **Hügel** und war schon in der Antike, lange vor Aufkommen des nervenaufreibenden »traffico« (Verkehr), bei begüterten Stadtbewohnern beliebt. Hier genoß man nicht nur einen **atemberaubenden Ausblick**, sondern auch die direkte Nachbarschaft zur Kaiserfamilie auf dem Palatin gegenüber. Einen Abstecher auf den Aventin sollten Sie sich gönnen, wenn Sie die Besichtigung von Kolosseum und Forum Romanum auf dem Programm haben. Von der Via del Circo Massimo spazieren Sie hinauf.

Sie werden schnell bemerken, daß die Straßen auf dem Aventin von einer Art **exklusivem Frieden** durchweht sind, wie man ihn in der römischen Altstadt sonst nicht findet. Villen und Klöster liegen in üppigen **Gärten**, deren Privacy von hohen Mauern behütet wird. Am Tor der **Villa des Malteserordens** an der Piazza dei Cavalieri di Malta ist es trotzdem erlaubt, einen neugierigen Blick durch das Schlüsselloch zu werfen: Zu sehen ist die **Kuppel des Petersdoms** auf der gegenüberliegenden Tiberseite. Im **Savello-Park** nebenan haben Sie das Panorama über die gesamte Altstadt. Die Römer nennen den Park »Giardino delle arance« (Orangengarten). Im Kreuzgang der angrenzen-

---

### INFO

*Ostia Antica*
Natürlich hatte die antike Weltstadt auch einen Hafen. Hier waren die Kriegsschiffe vertäut, hier wurden Seide, Gold und Getreide aus dem Reich umgeschlagen. Um den Hafen entstand eine Stadt: Ostia Antica. In den Ausgrabungen können Sie Kontore, Speicher, Tempel und Theater und vor allem wunderschöne Mosaike mit Fischen und Badenden sehen. Nach Ostia Antica kommen Sie mit dem Vorstadtzug »Lido Ostia« vom Bahnhof Ostiense aus.
▶ **Viale dei Romagnoli 717, Tel. 565 00 22, Sommer 9-18 Uhr, Winter 9-16 Uhr, Lit 8.000.**
◆AU

GROSSSTADT-OASEN

*Viel Grün auf dem Aventin*

den **Kirche Santa Sabina** steht ein alter Orangenbaum, angeblich der erste, der je auf italienischem Boden gepflanzt wurde. Mitgebracht hatte ihn der Heilige Dominikus aus Spanien, dem die Kirche gewidmet war. Sollten Sie nach dem ausgedehnten Fußmarsch jetzt Hunger und Durst haben – auf dem Aventin sind Sie für eine Kaffeepause am falschen Ort. Ein Gesetz verbietet, im Viertel Bars, Restaurants und Läden aufzumachen.

# Gianicolo

Roms grüne Oase für **Liebespärchen** und **Romantiker**! Bei Sonnenuntergang ist der Gianicolo-Hügel jenseits des Tibers Treffpunkt für Verliebte, die zum Händchenhalten den sagenhaften Ausblick genießen: Von der Balustrade der **Piazza Garibaldi**, ganz oben auf dem 84 Meter hohen Hügel, haben Sie die schönste Sicht auf die gesamte Altstadt. Und wenn Sie zu dieser Stunde als Frau alleine heraufsteigen, bleiben Sie es nicht lange. Auch ungewollt: Hier lauern die »pappagalli« (→ S. 71), junge römische Männer mit eindeutigen Ambitionen, Touristinnen mit flotten Sprüchen auf.
Dabei hat der Gianicolo eine Geschichte, die alles andere als romantisch ist. Auf dem Hügel wurde 1848 die **Schlacht** geschlagen, in der die italienischen Patrioten unter Giuseppe Garibaldi die Republik gegen die Herrschaft des Papstes durchsetzen wollten, was ihnen 1870 mit der Vereinigung Italiens schließlich gelang (→ S. 37). Heute zeugt davon ein riesiges **Reiterstandbild** des Nationalhelden, das in der Mitte der Piazza thront. In memoriam werden jeden Mittag um 12 Uhr **Salutschüsse** vom Hügel abgefeuert. Eingebettet in das Grün des Gianicolo sind Sehenswürdigkeiten wie die »Acqua Paolo«, ein erfrischend rauschender **Barockbrunnen**, die Kirche **San Pietro in Montorio** und der »Tempel des Bramante«, die Sie beim Aufstieg zum Hügel vom Stadtteil Trastevere aus an der Via Garibaldi finden.
Am Hang des Gianicolo, gleich am Rande von Trastevere, liegt

## GROẞSTADT-OASEN

der **Botanische Garten**. Offiziell ist der Garten ein Museum – hier sind exotische und historische Pflanzen und Bäume »ausgestellt«. Aber der Besuch im »Orto Botanico« ist alles andere als ein stressiger Kulturtrip. Im kühlenden Schatten uralter Bäume können Sie an **Brunnen** und auf **Bänken** die Beine baumeln lassen. Ganz oben am Hang steht ein **japanisches Gartenhäuschen**, von wo man einen herrlichen Blick auf die Stadt genießt.
▶ **Botanischer Garten, Largo Cristina di Svezia 24, Tel. 686 41 93, Mo-Sa 9-18.30 Uhr, Winter 9-17.30 Uhr, Lit 4.000.** ◆C6

# *Tiberinsel*

Sind Sie inmitten dieses Treibens reif für die Insel? Nur wenige Schritte trennen Sie von Ihrem Ziel. Steuern Sie vom Ghetto aus über den Ponte Fabricio oder von Trastevere über den Ponte Cestio die »Tiberinsel« an. Abgesehen von einem Parkplatz für Anlieger gibt es keinen Verkehr, und das macht die Insel zu einer **Oase der Ruhe** im Innenstadtchaos! An der zentralen Piazza der nur 300 Meter langen und 80 Meter breiten Insel liegt die Kirche **San Bartolomeo**, die Otto III. im 10. Jahrhundert errichten ließ. Gegenüber steht das in Palmen und Pinien eingebettete **Krankenhaus Fatebenefratelli** (Tut Gutes, Brüder!), das auf die eigentliche Tradition der Insel hinweist: Schon die alten Römer pflegten hier ihre Kranken und mit ihnen die schönsten Sagen, die die Insel

---

### INFO

*Eine Vespa gefällig?*
Manche Punkte in Rom liegen ganz schön weit auseinander – oft zu weit für einen Fußmarsch. Außerdem ist Rom die Stadt der Vespas – was liegt also näher, als selbst einmal mit einem solchen Gefährt durch die Stadt zu knattern? Der Portier im Hotel weiß, wo man sie mieten kann. Aber fahren Sie bloß langsam los! Schlaglöcher, Verkehrschaos und römisches Temperament machen die Sache zu einem atemberaubenden, aber oft auch nicht ganz ungefährlichen Abenteuer.

# GROSSTADT-OASEN

*Der »Ponte Rotto«*

seither umranken. Es heißt, ein **griechisches Schiff** sei hier gestrandet, von dem die Schlange des Heilgottes Äskulap gekrochen sei. Die Insel entstand durch den Sand, der sich auf dem Schiffswrack abgelagerte. Tatsächlich hat die Insel die Form eines Schiffes und war im Altertum mit einem Schiffsbug aus Marmor verziert. Wenn Sie zu den Uferbefestigungen hinter der Kirche **San Bartolomeo** hinuntersteigen, können Sie davon noch einige Überreste sehen.
Vor dem »Bug« der Insel steht der »Ponte Rotto«, ein einzelner **Brückenbogen** in den Fluten. Er gehörte zur ersten römischen Steinbrücke (179 v.Chr.).
Spazieren Sie einmal um die Insel herum, und legen Sie zum Schluß eine Pause in der »Antico Bar dell'Isola« oben an der Piazza ein oder gleich nebenan im römischen Traditionslokal »Sora Lella«.

## *Villa Borghese*

Wer am Sonntag in der Villa Borghese flaniert, bekommt von der Talfahrt der italienischen Geburtenrate nichts zu spüren: Hunderte »bambini« rollen in schicken Kinderwagen und -karren, werden auf Drei- und Fahrrädern vorwärtsgeschubst, fahren Karussell und Bimmelbahn oder toben einfach ausgelassen herum. Sie wandeln unter jahrhundertealten Pinien und Laubbäumen, vorbei an Brunnen, Tempelchen und Pavillons. **Naturlandschaft** wechselt sich mit angelegten **Gärten** ab. Es gibt einen kleinen **See**, auf dem man Ruderboot fahren kann. Und wie es sich für die gestreßten Bewohner einer Millionenmetropole gehört, fehlen auch die schwitzenden Jogger nicht.
Den Park erreichen Sie zu Fuß durch die **Porta Pinciana** am nördlichen Ende der Via Veneto oder von der **Spanischen Treppe** aus, links durch den Eingang am Monte Pincio. Das Grün ist durchzogen von **asphaltierten Alleen** mit Straßennamen, was die Orientierung per Stadtplan leichter macht.
Erholsam ist ein **Cappuccino** in der »Casina dell' Orologio« (Viale dei Bambini), wo im Garten Schaukeln an den

# GROSSTADT-OASEN

*Brunnen in der Villa Borghese*

Tischchen stehen – das tut wunden Touristenfüßen irre gut. Zu besichtigen ist am Nordende des Parks ein **Zoo** (Viale del Giardino Zoologico), den der berühmte Karl Hagenbeck entworfen hat. Einen Abstecher lohnt die »Galleria Borghese« im einstigen **Lustschloß** (Viale dei Daini). Nach über zehnjähriger Restaurierung darf das Publikum auf eine Neueröffnung der gesamten »Königin der Privatsammlungen« hoffen, die Kunst-Leckerbissen von Raffael, Rubens und Tizian bietet. Im Erdgeschoß sind derzeit **Barockstatuen** zu bewundern (Di-Sa 9-19 Uhr, So 9-13 Uhr, Mo geschl., Lit 4.000).

## INFO

### Castelli Romani

Hier wohnt der Papst und alle Römer, die Streß und Smog in der Stadt satt haben, im Sommer. Viele haben sich hier den Traum von den eigenen vier Wänden im Grünen erfüllt. Zu den Castelli Romani gehören die Orte in den Albaner Bergen 20 Kilometer südlich von Rom: Frascati, Castelgandolfo (mit Papstresidenz), Grottaferrata, Rocca di Papa, Nemi, Marino, Albano, Arriccia und Genzano. Die Hügel sind eine ehemalige Vulkanlandschaft. In ihren beiden Hauptkratern haben sich Seen (Albaner See und Nemi-See) gebildet, in denen man baden kann. Wenn Sie die klare Luft in den Castelli schnuppern wollen, fahren Sie mit der Metro Linie A bis zur Endstation und von dort mit dem Bus weiter. Castelgandolfo ist tagsüber sehr schön – es liegt am Albaner See. In Frascati ist der Blick auf die funkelnde Metropole am Abend besonders reizvoll.

## AUF TOUR

# *Die Königin der Straßen*

150 Kilometer pro Tag (nicht pro Stunde!), das kommt uns heute ziemlich langsam vor. Doch wer vor 2.000 Jahren so schnell war, genoß den Vorsprung, den heute ein Jet gegenüber einem alten Dampfer hätte. So schnell waren damals nur die Römer: Sie hatten **als erste** befestigte Straßen, insgesamt 372, auf denen sie 75.000 Kilometer ihres Reichs durchqueren konnten. Dem modernen **Straßennetz**, das bis ins heutige England und in den Nahen Osten reichte, verdankten die Römer unter anderem ihre Macht.
Ein schneller Reiter schaffte die 800 Kilometer von Rom bis Brindisi im Stiefelsporn Italiens auf der Via Appia Antica sogar in vier Tagen. Die **Via Appia Antica** – 312 v.Chr. vom Zensor Appius Claudius gebaut – erreichen Sie mit dem Bus der Linie 118 von der Piazza San Giovanni in Laterano. Ihr wurde schon in der Antike der Beiname »Regina viarum«, **Königin der Straßen**, verliehen. Die meisten Konsularstraßen (so genannt nach ihren Erbauern, den römischen Konsuln) sind unter breiten Asphaltbahnen verschwunden. Die, die erhalten sind, sind neben den Autobahnen bis heute die wichtigsten **Fernstraßen**.
An der Appia Antica können Sie mit ein bißchen Phantasie das Rad der Zeit zurückdrehen. Sie durchqueren die Porta San Sebastiano in der **Aurelianischen Mauer** (→ S. 36) und sehen auf der rechten Seite den ersten der 364 **Meilensteine**. Kurz darauf kommen Sie an ein kleines **Kirchlein**, das »Domine Quo Vadis«. Erinnern Sie den Kino-Streifen? Hier erschien Christus dem Apostel Petrus. Spannend wird es an den **Kalixtus-Katakomben** (Via Appia Antica 110, Tel. 513 67 25, Sommer 8.30-12 Uhr, 14.30-17.30 Uhr, Winter 8.30-12 Uhr, 14.30-17 Uhr, Mi u. Februar geschl., Lit 8.000). Aus dem gleißenden Tageslicht steigt man über Ziegeltreppen in die Finsternis, wo einem zwischen Hunderten offener Grabnischen und verzweigten engen Schächten das Gruseln kommt. Für die Römer waren die **Katakomben** ganz normale Fried-

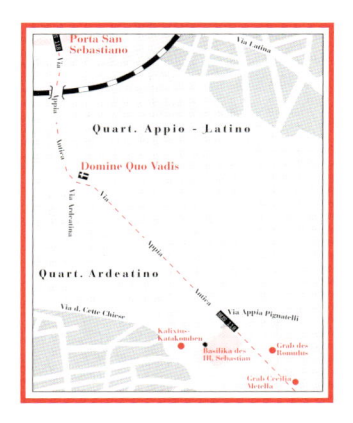

# AUF TOUR

*Auf der Via Appia Antica, der ersten befestigten Straße*

höfe, sehr platzsparend, weil man sie in die Tiefe bauen konnte. Sie reichen bis 25 Meter unter die Erde! Auch die ersten Christen kauften hier ihre Grabstellen. In den Jahrhunderten der Verfolgung verschanzten sie sich sogar bei ihren Toten. Hier waren sie sicher, weil auch dem heidnischen Rom ein Friedhof heilig war. Relikte aus jener Zeit sind **Fische** und **Anker**, die Wahrzeichen von Christus, die an die Wand gemalt sind.

Noch vielfältiger sind die **Fresken** in den Katakomben und der **Basilika des Heiligen Sebastian** (Via Appia Antica 136, Tel. 788 70 35. Öffnungszeiten wie Kalixtus-Katakomben. Lit 8.000. Do und November geschl.). Hier sollen auch die Apostel Petrus und Paulus vorübergehend begraben gewesen sein. Wenn Sie wieder unter der römischen Sonne sind, sollten Sie spätestens jetzt das Auto stehen lassen und zu Fuß weiterlaufen. Sie kommen auf das

---

## INFO

***Festival Roma-Europa***
Es gibt in Rom keine schönere Kulisse, als den Park der Villa Medici auf dem Pincio-Hügel oberhalb der Spanischen Treppe bei Nacht. Zum Glück ist der Palast Sitz der französischen Akademie, die sich mit einem hochkarätigen Programm jeden Sommer am Festival »Roma-Europa« beteiligt. Im Park finden Konzerte und Ballettaufführungen der internationalen Spitzenklasse statt. Das Festival dauert von Juni bis Juli. Informationen entnehmen Sie der Tagespresse oder den Veranstaltungskalendern.

freie Land, in der Ferne liegen die **Albaner Berge** (siehe Castelli Romani), rechts und links Pinien, Ruinen und weite Wiesen. Hier bekommen Sie einen Eindruck davon, wie die Straße vor 2.000 Jahren ausgesehen hat: Neben der Fahrbahn waren 1,50 Meter breite **Gehsteige**. Über die Straße preschten die Wagen von Kaufleuten, siegreiche Heere kamen von Feldzügen durch das Reich nach Rom zurück. Sklaven wurden aus den Kolonien ins Land transportiert, die Kaiser fuhren in ihre Villen auf dem Land. Hier saßen die Römer zum **Picknick** an den Gräbern ihrer Toten.

Wer Geld und Macht hatte, verewigte sich und die Seinen mit monumentalen **Grabmälern**. Links der Straße sehen Sie das Grab, in dem **Kaiser Massentius** 309 n.Chr. seinen Sohn Romulus (nicht den Gründer Roms) bestattete. Der zylinderförmige Bau sollte eine Kopie des Pantheon (→ S. 34) sein. Um in der Nähe des geliebten Sohnes zu wohnen, ließ der Kaiser sich hier samt Residenz und Zirkus nieder. Mauerreste zeugen noch heute davon. Etwas weiter steht ein riesiger Rundbau – das Grab **Cecilia Metellas** aus dem Jahr 50 n. Chr. (Via Appia, 3. Kilometer,

---

## INFO

### *Fontanelle*

Sie brauchen über kein besonderes Immunsystem zu verfügen, um sich zwischendurch wie alle Römer an den »fontanelle«, den Trinkbrunnen, zu erfrischen. Das Wasser ist von erstklassiger Qualität: Es kommt aus dem Abruzzen-Gebirge hinter Rom. Viele Römer füllen es in Flaschen ab. Sie schwören, daß das Wasser aus den »fontanelle« besser ist als Mineralwasser. Die kleinen, gußeisernen Brunnen stehen überall an Straßen und Plätzen.

*Brunnen mit Trinkwasser*

Tel. 780 24 05, Sommer 9-18 Uhr, Winter 9-16 Uhr). Die eigentliche Grabstätte ist nur ein winziger Raum, umgeben von Mauern, die fast den gesamten Umfang des Monuments ausmachen. Wer Lust hat, noch weiterzulaufen, sieht am Straßenrand unzählige kleinere Grabsteine und Statuen und hinter großen Toren auch die Villen zeitgenössischer Römer: **Wohnen** an der »Appia« ist wie in der Antike noch immer ein **Privileg**. Entlang der Straße trainieren auch Jogger, Liebespaare knutschen in Autos, und Damen des ältesten Gewerbes hocken leichtgeschürzt auf Grabsteinruinen. Von Zeit zu Zeit ist der Asphalt von **antiken Pflastersteinen** unterbrochen, die noch perfekt erhalten sind. Ein Untergrund aus drei Schichten Geröll, Sandstein, Kies, obendrauf die Pflastersteine. Ein Gesetz bestimmte, daß Straßen mindestens 100 Jahre halten mußten. Langsam sollten Sie an den Rückweg denken, denn die Meilen, die Sie bis hierher zurückgelegt haben, müssen Sie noch einmal bewältigen: Der Bus fährt nur stadtauswärts, weil die Appia Antica eine **Einbahnstraße** ist.

# *Stille Gassen in der Altstadt*

Starten Sie diesen Rundgang durch die Altstadt an der **Piazza Campitelli** am Rande des Ghettos (→ S. 13) unterhalb vom Kapitol. Laufen Sie durch die **Via dei Funari**, und werfen Sie einen Blick in die schmalen Gassen auf der linken Seite. Zwischen den dunklen Hauswänden meint man die Atmosphäre zu spüren, die hier im **Mittelalter** geherrscht haben muß. Schenken Sie auf der **Piazza Mattei** dem graziösen **Schildkrötenbrunnen** Ihre Aufmerksamkeit. Auch er trägt wie so vieles in Rom Berninis Handschrift.
Folgen Sie dann der **Via Sant' Ambrogio**, wo die kosheren Lebensmittelläden liegen, bis zur **Via del Portico d'Ottavia**. Das gleichnamige Tor widmete Kaiser Augustus seiner Schwester Ottavia. Am **Marcellus-Theater**, nur wenige Schritte weiter, wird makroskopisch die römische Bauweise sichtbar, eine Art Recycling vorhandener Substanz: Aus dem Theater, das Caesar anlegen ließ, wurde im Mittelalter eine Festung. Später wurde ein **Renaissancepalast** daraufgebaut, den die Adelsfamilie Orsini im 18. Jahrhundert vollendete. Statten Sie der **jüdischen Bäckerei** ohne Namen an der **Piazza delle Cinque Sole** einen Besuch ab, wo Sie ein Stück »pizza« kaufen sollten— so heißt hier eine

## AUF TOUR

Art salziger Stollen. Er ist butterweich, mit Mandeln, Rosinen und kandierten Früchten gefüllt und kommt zu jeder Tageszeit frisch aus dem Ofen. Römer pilgern für diese Spezialität aus allen Stadtteilen hierher!

Der Spaziergang geht jenseits der **Via Arenula** weiter. An der **Piazza Capodiferro** liegt der **Palazzo Spada**, ein Meisterwerk des Manierismus. Die verspielten Stuckdekorationen und kleinen Nischen mit Statuen im Innenhof heben sich von den oft schweren Formen des römischen Barock ab. Die vielen grauhaarigen Herren, die ein- und ausgehen, gehören dem italienischen Staatsrat an, der im Palazzo seinen Sitz hat. Sie dürfen trotzdem eintreten – hier ist die **Kunstsammlung** untergebracht, die der kunstbeflissene Hausherr, Kardinal Bernardino Spada, im 17. Jahrhundert anlegte und die auch Werke von Tizian enthält. Eine Kuriosität ist der perspektivische **Säulengang** im Innenhof: Durch einen optischen Trick scheint der Gang 40 Meter lang, obwohl er nur neun Meter mißt (Galleria Spada, Piazza Capodiferro 13, 9-19 Uhr, So 9-13 Uhr, Mo. geschl., Lit 4.000).

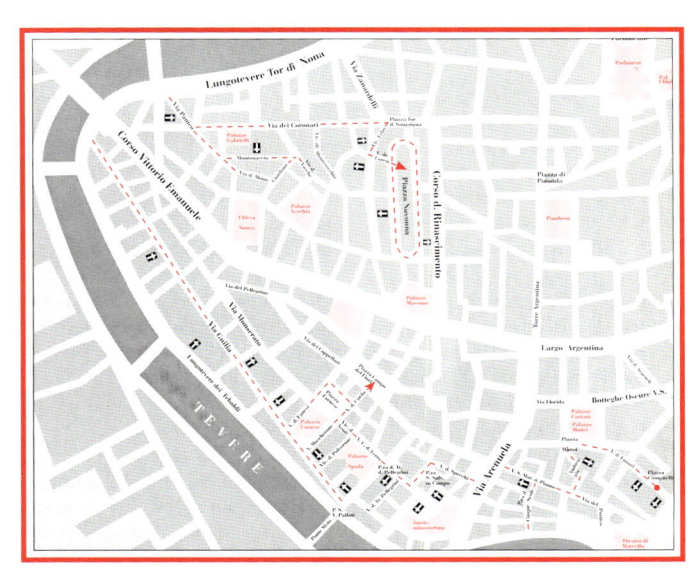

Den nahe gelegenen **Palazzo Farnese** an der gleichnamigen Piazza können Sie dagegen nicht besichtigen, weil hier die französische Botschaft residiert. Der graue Palast mit den strengen Renaissanceformen – ein Entwurf von Michelangelo – beherrscht den Platz und strömt eine angenehme Ruhe aus, obwohl das quirlige Treiben auf dem **Campo de' Fiori** (→ S. 57) nur wenige Meter entfernt ist. Abends sind die prachtvollen Fresken in den Sälen angestrahlt, und die Tische in den beiden Restaurants an der Piazza, dem »Camponeschi« (→ S. 68) und der Trattoria »Ar Galletto« (Piazza Farnese 102, Tel. 686 17 14, So geschl.) werden zu Logenplätzen. Die beiden **riesigen Wannen**, die hier als Brunnen dienen, stammen übrigens aus den **Caracalla-Thermen** (→ S. 29). Vorbei am Palazzo Farnese gelangen Sie in die **Via Giulia**. Papst Julius II. ließ sie im 16. Jahrhundert als eine der ersten größeren Verkehrsadern anlegen. Bis heute ist diese Straße eine der feinsten Wohnadressen Roms: Rechts und links wandeln Sie an den **Renaissancepalästen** vorbei, die sich römische Adelsfamilien hier bauen ließen. Ein besonders prachtvolles Exemplar ist der **Palazzo Falconieri** (Hausnummer 1), heute Sitz der Ungarischen Akademie. Der Maler Raffael ließ sich einst in Haus Nr. 85 nieder. Treten Sie in die grünen Innenhöfe, wo Sie zwischen Palmen in himmlischer Ruhe Brunnen und Barockstatuen erwarten. Anschließend sollten Sie sich durch die **winzigen Gäßchen** jenseits des Corso Vittorio Emanuele treiben lassen: Via della Campanella, Via di Panico, Via del Monte Giordano, Via delle Vacche, Via Montevecchio. Viele der niedrigen, verschachtelten Häuser sind restauriert und in leuchtendem Gelb, Ocker oder Rot gestrichen und geben ein pitto-

---

## ERHOLUNGSTIP

### Enoteca da Bleve

Anfänglich wollten die Kunden dieser Weinhandlung im Ghetto nur Käse und Brot zum Wein probieren. Dann wurde daraus eins der besten Bistros der Stadt. Sie sitzen zwischen Weinregalen auf einfachen Holzschemeln und haben die Wahl: Salat aus rohen Artischocken mit Parmesan, Büffelmozzarella mit Sardellenfilets oder Steinpilzen, Carpaccio mit Rotkrautsalat oder Auberginenkuchen und, und, und. Die Speisen werden allerdings nur zur Mittagszeit serviert – noch ist Bleve eine Weinhandlung und kein Restaurant.
▶ **Via Santa Maria del Pianto 11, Ghetto, Tel. 686 59 70, 8-20 Uhr, So geschl.** ◆F6

*Der Schildkrötenbrunnen auf der Piazza Mattei*

reskes Bild ab. Werfen Sie unbedingt einen Blick in den Innenhof des **Palazzo Taverna** in der Via di Monte Giordano: In der Mitte steht ein riesiger, moosüberwachsener **Brunnen**. Die Bäume und Hecken spenden selbst im stickig-heißen Sommer so viel Kühle, daß Sie wirklich nicht auf den Gedanken kommen, mitten in einer brodelnden Großstadt zu sein. Steigen Sie auch den **Vicolo del Montonaccio** hinauf, wo sich die Häuser in absoluter Stille an die Rückseite des Palastes anlehnen. Romantischer kann Wohnen in Rom nicht sein! Zum Schluß führt Sie der Spaziergang durch die **Via Coronari**, »die« Adresse in Rom für Antiquitäten.

Und wenn Sie jetzt, nach soviel Idylle, Sehnsucht nach dem lauten römischen Treiben haben – die **Via dei Coronari** bringt Sie zurück, direkt auf die Piazza Navona.

MUSEEN

# Etruskermuseum Villa Giulia

Hinter der Renaissancefassade der Villa aus dem 16. Jahrhundert verbirgt sich das Etruskische Museum Roms, wo Sie Einblick in das Leben des geheimnisvollen Volkes nehmen können. Die **Etrusker** herrschten jahrhundertelang über ganz Mittelitalien. In Rom regierten sie im 6. Jahrhundert v.Chr. Sie brachten eine hohe Kultur nach Italien, aber bis heute kennt man weder ihre Herkunft, noch kann man ihre Schrift entziffern. Um so interessanter ist alles **Plastische**: Vasen, Goldschmuck, Haushalts- und Kriegsgerät, Skulpturen, die in der Sammlung in Hülle und Fülle ausgestellt sind. Hier steht auch der berühmte **Sarkophag** mit dem liegenden Paar. Im Garten der Villa wurde ein bunter **etruskischer Tempel** nachgebildet. Das Museum gehört zu den wichtigsten Etruskersammlungen Italiens. Der **Innenhof** der Villa wird im Sommer zur Kulisse für klassische Konzerte.
▶ **Piazzale di Villa Giulia 9, Tel. 320 19 51, Di–Sa 9–19 Uhr, So 9–13 Uhr, Mo geschl., Lit 8.000.** ◆E1

*Tönerner Pferdekopf*

# Galleria Doria Pamphili

Auch der Laie kommt in dieser Galerie auf seine Kosten: Durch die **Rokokofassade** treten Sie in den Palazzo ein, der noch heute dem römischen Adelsgeschlecht der Pamphili gehört.
Sollten Sie nicht von der Masse einmaliger Kunstwerke in den Bann gezogen sein – hier hängen Caravaggios »Flucht nach Ägypten« und Werke von Tizian, Velazquez, Tintoretto und Breughel dicht gedrängt – werfen Sie einen Blick auf die **Fresken** und den **Goldstuck**, mit denen die Räume ausgeschmückt sind.

Ein echter Leckerbissen ist die Führung durch die **Privatgemächer**, zu der die Fürstin Doria Pamphili jeden Morgen um 11 Uhr bittet.

▶ **Piazza del Collegio Romano 1a, Tel. 67 97 32 31, 10-13 Uhr, Mi u. Do geschl., Lit 10.000, Privatgemächer Lit 5.000. ◆F5**

# *Kapitolinische Museen*

Hier finden Sie die älteste öffentliche **Kunstsammlung** der Welt, die Papst Sixtus IV. 1471 gründete. Die drei Paläste, den **Palazzo Nuovo** auf der linken, den **Konservatorenpalast** auf der rechten Seite und den **Senatorenpalast** in der Mitte – heute Sitz des römischen Bürgermeisters – sowie den sternförmig gemusterten Platz selbst schuf **Michelangelo**.
Auf dem Marmorpodest in der Mitte der Piazza thronte früher die antike **Reiterstatue** des römischen Kaisers **Marc Aurel**. Seit der Restaurierung steht sie im Eingang des Palazzo Nuovo hinter Glas.
Höhepunkte der reichhaltigen Antikensammlung im Museum sind 65 Kaiser- und über 80 **Philosophenköpfe**, darunter Cicero, die **Skulpturen** »Kapitolinische Venus«, der »Sterbende Gallier« und der »Lachende Faun« sowie die »Kapitolinische Wölfin«, das Wahr-

---

## E R H O L U N G S T I P

*Caffé del Comunista*
In der kleinen Bar im Ghetto (→ S. 13) zu Füßen des Kapitols leben auch viele Jahre nach dem Untergang des sowjetischen Imperiums und der Kommunistischen Partei Italiens Helden von Lenin bis Berlinguer auf Fotos und Plakaten hoch, Hammer und Sichel zieren Fahnen und Wimpel.
Davor servieren die Inhaber einen köstlichen Cappuccino und Toast, und mit den letzten echten »compagni«, den Genossen, kommt man am Tresen gleich ins Gespräch.
Draußen auf der Straße finden Sie nur den Hinweis Caffé Latteria – der Zusatz »del Comunista« ist eine Art Kosename für dieses ganz besondere römische Relikt.
▶ **Via dei Delfini 23. ◆F6**

## MUSEEN

*Aufgang zu den Kapitolinischen Museen*

zeichen Roms (→ S. 77), mit den Zwillingen. In der Pinakothek sind Werke von Tintoretto, Tizian, van Dyck und Rubens ausgestellt. Im Innenhof des **Konservatorenpalasts** stehen riesige Füße und Hände, Reste der Kolossalstatue Kaiser Konstantins.

▶ **Piazza del Campidoglio, Tel. 67 10 20 71, Di-Sa 9-13 Uhr, Di 17-20 Uhr, April-August auch Sa 20-23 Uhr, Lit 10.000, ◆F6**

# *Museo Barracco*

Eine kleine, aber erlesene Sammlung assyrischer, griechischer, ägyptischer und römischer **Skulpturen** – ein Museum vor allem für Liebhaber dieses Genres. Der Kunstsammler Baron Giovanni Barracco schenkte die Stücke, die er zusammengetragen hatte, 1904 der Stadt. Nach jahrelanger Restaurierung ist die Sammlung endlich wieder fürs Publikum geöffnet. Sehenswert ist allein der graziöse **Renaissancepalast**.

▶ **Corso Vittorio Emanuele 168, Tel. 68 80 68 48, 9-13.30 Uhr, Mi u. Do 17-20 Uhr, So 9-13 Uhr, Mo geschl., ◆E5**

*Graziöser Renaissancebau*

# *Museo della Civiltà Romana*

Alle Stücke in diesem Museum sind Kopien antiker Inschriften, Statuen und Monumente, aber sie helfen der Phantasie auf die Sprünge.
Höhepunkt ist ein 200 Quadratmeter großes **Modell der Stadt**, das Rom im 4. Jahrhundert n.Chr. zeigt. Man sieht, wo Stadien, Paläste, Tempel, Thermen standen, und man kann nachvollziehen, wo eigentlich die ganz normalen Leute in der Stadt wohnten. Denn ihre Häuser und Stadtteile haben die Jahrtausende nicht überlebt.
Sehr eindrucksvoll ist auch ein Gipsabdruck der **Trajanssäule**. Der Fries, der spiralförmig am Original (→ S. 30) hochläuft, ist hier »abgewickelt«, und man kann die Geschichte des Kaisers und seiner Zeit in Augenhöhe studieren.
Am Original ist das nicht möglich – die Säule ist 30 Meter hoch. Das Museum befindet sich im abgelegenen Stadtteil **EUR** (→ S. 14), ist aber mit der U-Bahn Linie B schnell zu erreichen.
▶ **Piazza G. Agnelli, Tel. 592 60 41, 9-13.30 Uhr, Mo u. Do 15-18 Uhr, So 9-13. Uhr, Mo geschl., Lit 5.000.**
◆AU

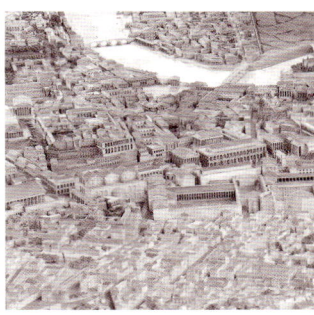

*Modell von Rom aus dem 4. Jh.*

# *Museo Nazionale della Pasta*

Pasta, Pasta, Pasta! Schon **Goethe** schwärmte davon: »Was die Mehl- und Milchspeisen betrifft, welche unsere Köchinnen so mannigfaltig zu bereiten wissen ..: Die Makkaroni, ein zarter, stark durchgearbeiteter Teig von feinem Mehle, sind von allen Sorten überall um ein Geringes zu haben«.

Heute lieben wir alle die leckere Pasta, aber kennen Sie ihre Geschichte?
**Historische Dokumente** und **Farbtafeln** zeigen, wie die Teigwaren im Laufe der Jahrhunderte hergestellt wurden. Es gibt **Pastamaschinen** aus verschiedenen Epochen – die älteste stammt aus dem 17. Jahr-

## MUSEEN

hundert –, und auf Fotos ist festgehalten, daß auch Sophia Loren und Ingrid Bergmann ganze Berge Pasta verschlungen haben.

▶ **Piazza Scanderbeg 117, Fontana Trevi, Tel. 699 11 19, Mo-Sa 9.30-12.30 Uhr, 16-19 Uhr, So 9.30-12.30 Uhr, Lit 12.000.** ◆**F4**

# *Palazzo delle Esposizioni*

Auf den weißen Treppen vor dem **Gründerzeitpalast** sitzen Kunststudenten und diskutieren oder sind in Lektüre versunken. Der »Palazzo delle Esposizioni« ist Roms einzige wirklich moderne **Kunstgalerie**. Das Repertoire der wechselnden Ausstellungen reichte in den ersten fünf Jahren seit der Neueröffnung 1990 von der japanischen Antike bis zu Gedenkausstellungen für den Schriftsteller Pier Paolo Pasolini.

Die Innenarchitektur entspricht mit ihrer Nüchternheit in Weiß und Stahl einer modernen Kunstgalerie.

▶ **Via Nazionale 194, Nähe Hauptbahnhof, Tel. 488 54 65, 10-21 Uhr, Di geschl., Lit 12.000.** ◆**G5**

---

### ERHOLUNGSTIP

**Club La Piscina**
Wenn Ihre Beine Sie nicht mehr tragen, betten Sie sie auf einen Liegestuhl am schönsten Pool Roms: Er liegt auf der Panoramaterrasse des »Cavalieri-Hilton«-Hotels (→ S. 110) auf dem Monte Mario. Hier oben ist die Luft klar, und Sie haben einen sensationellen Blick auf die Stadt. Außerdem sind Sie umgeben von Blumen und können sich den Lunch, einen Tee oder Cocktails direkt am Pool servieren lassen. Das Ganze ist mit Lit 50.000 Eintritt nicht ganz billig.

*Baden mit Blick auf Rom*

## MUSEEN

# *Thermen-Museum*

Hier sind die schönsten Schätze der römischen und griechischen Antike untergebracht, aber die meisten der 300.000 Stücke verbergen sich hinter verschlossenen Türen – das Museum wird seit fast 30 Jahren restauriert. Aber einige **Juwele** der Sammlung, darunter der Ludovisi-Thron, »Apoll aus dem Tiber«, die »Niobide« und das Fresko »Garten der Livia« sind zu sehen. In den **Thermen**, die unter dem römischen Kaiser Diokletian 305 n.Chr. entstanden, steht seit dem 16. Jahrhundert ein Karthäuserkloster, das Michelangelo entwarf.
▶ **(Museo nazionale Romano), Via E. De Nicola 79, Tel. 488 05 30, 9-14 Uhr, So 9-13 Uhr, Mo geschl.** ◆14

# *Vatikanische Museen*

Es wäre tollkühn, das **größte Museum** der Welt an einem Vormittag sehen zu wollen. In 14 Sammlungen sind auf 42.000 Quadratmetern 50.000 Objekte ausgestellt. Ganze sieben Kilometer gilt es abzulaufen. Allein um die **Sixtinische Kapelle** mit Michelangelos Fresken vom »Jüngsten Gericht« und der »Erschaffung der Welt« zu sehen, muß man rund zwei Kilometer zurücklegen.
Dieser Weg lohnt sich allerdings auch für Kunstmuffel! Die 600 Figuren und Allegorien strahlen in bunten Bonbonfarben, seit während der »Jahrhundertrestaurierung« Kerzenruß und Staub aus 500 Jahren entfernt wurden. Es kam ans Licht, daß die **Maler der Renaissance** alles andere als triste Seelen waren. **Michelangelo** spielte in der »Sixtinischen Kapelle« mit allen Nuancen von Kobaltblau, Purpurrot, Grasgrün und Sonnengelb.
Ein weiterer Höhepunkt sind die »Stanzen« und die »Loggien« des **Raffael**. Wenn im Vatikan VIPs aus der Weltpolitik empfangen werden, dienen die Prachträume als Kulisse. Der Maler Raffael malte die Räume mit Szenen aus dem Alten und Neuen Testament aus.
**Gründer** des Museums war **Papst Julius II**. Er ließ ab 1503 im Belvedere-Hof Meisterwerke antiker Bildhauerkunst zusammentragen. Dazu gehören die »Laokoon-Gruppe« und der »Apoll von Belvedere«. Diese Sammlung könnte eine dritte Etappe für Sie sein. Sie können sich schon am Eingang zwischen vier farblich markierten **Rundgängen** entscheiden, die von unterschiedlicher Dauer sind. Alle führen

# MUSEEN

aber zur Sixtinischen Kapelle. Sie erreichen den Eingang in 15 Minuten zu Fuß, wenn Sie vom Petersplatz rechts an der Vatikan-Mauer entlanglaufen. Bequemer ist ein Bus, der am Info-Büro links vom Petersdom alle 30 Minuten abfährt und Sie durch die Vatikanischen Gärten (→ s. u.) zum Museum kutschiert.

▶ **Vatikanische Museen, Viale Vaticano, Tel. 69 88 33 33, Mo-Fr 8.45-13.45 Uhr, 3. April bis 9. Juni und 1. September bis 31. Oktober Mo-Fr 8.45-16.45 Uhr, Lit 13.000, So u. an kirchl. Feiertagen geschl., Ausnahme: letzter Sonntag des Monats 8.45-13.45 Uhr, gratis.** ◆**B4**

## ERHOLUNGSTIP

***Vatikanische Gärten***
Für alle, die keine Lust auf den strapaziösen Besuch in den Vatikanischen Museen (→ S. 55) haben, ist die Tour durch die Vatikanischen Gärten eine Alternative. Täglich um 10 Uhr fährt ein Bus vor dem Informationsbüro links vom Petersdom ab. Das Ticket müssen Sie einen Tag vorher kaufen. Zwei Stunden lang werden Sie durch dichten **Wald** und barocke **Grünanlagen** kutschiert. Vom höchsten Punkt des Hügels hinter dem **Petersdom** hat man einen traumhaften Ausblick. Gleichzeitig bekommen Sie Einblick in den **Alltag** im kleinsten Staat der Welt: Der Führer zeigt Ihnen Bahnhof, Regierungspalast, Helikopter-Landeplatz, Radiosender, Kaufhaus und auch Kunst-

*Barocke Grünanlagen*

werke wie das Gartenhaus Pius IV. Leider sind die Gärten von einem dichten Netz asphaltierter **Straßen** durchzogen. Das ist ein Erbe Papst Pius XI., der ein begeisterter, aber schlechter Autofahrer war und die Straßen in den 20er Jahren bauen ließ, um seinem Hobby ungestört frönen zu können.
▶ **Informationsbüro Vatikan, Petersplatz, links vor dem Petersdom, Ticket Lit 16.000.** ◆**B4**

## MÄRKTE

# *Campo de' Fiori*

Ein **Farbenfeuerwerk** aus südländischem Obst, Gemüse, Fisch und Blumen, den »fiori«, die dem Platz ihren Namen gaben. Die Kulisse bildet das Rechteck der **schmalen Palazzi** in blassem Rot und Ocker, und über allem thront in der Mitte der Piazza mit düsterer Miene der bronzene Philosoph **Giordano Bruno**, der hier im Jahr 1600 als Ketzer verbrannt wurde. Das Angebot der Händler reicht vom halben Lamm bis zur Nylon-

*Der schönste Markt in Rom*

---

### INFO

*Feilschen*
Feilschen Sie gern? Auf römischen Märkten können Sie Ihre Begabung frei entfalten.
Während Sie auf Trödelmärkten noch ein leichtes Spiel haben, ist das Handeln auf dem Wochenmarkt nicht mehr leicht. Nur wenn Sie mittags kommen, können Sie die Preise für Reste drücken. Seit ein paar Jahren müssen auch die Marktschreier jede verkaufte Tomate in einer Kasse registrieren.
Lassen Sie sich immer den »scontrino«, den Bon, geben. Sonst kann es Ihnen bei einer Kontrolle der Finanzpolizei passieren, daß Sie eine gesalzene Strafe zahlen müssen.

## MÄRKTE

strumpfhose. Leuchtend rote Garnelen und Hummer und silbern glänzende Mittelmeerfische lassen einem das Wasser im Munde zusammenlaufen. Der Duft von frischem Basilikum und Salbei, Orangen, prallen Erdbeeren und knackigem Salat zieht in die Nase. Es gibt riesige Steinpilze aus den Bergen hinter Rom, Artischocken und eingelegte Oliven. Delikatessenläden, Weinhandlungen und Bäckereien, die an den Markt angrenzen, ergänzen das Angebot um hausgemachte Pasta, »dolci« (Kuchen und Gebäck), frische Trüffel, Steinpilzsoße, Büffelmozzarella, eingelegte Tomaten, Balsamessig und jede denkbare italienische **Spezialität**. Nach Marktschluß um 13 Uhr stinkt der Abfall in der Sonne, bis nachmittags die Stadtreinigung kommt. Erst nach Sonnenuntergang hebt das Treiben wieder an: Im Sommer finden **Konzerte** statt, es gibt einen **Büchermarkt**, und die Römer verwandeln den Campo in eine riesige Stehkneipe.
▶ **Campo de' Fiori.** ◆E6

# *Mercati Generali*

Roms kulinarisches Herz pocht in den »Mercati Generali«, den **Großmarkthallen**. Ab morgens um 4.30 Uhr feilschen hier Marktleute vor riesigen Posten Gemüse, Obst, Fleisch und Fisch, die unentwegt von den LKWs an den Eingangstoren rollen. Es herrscht ein ohrenbetäubender Lärm.
Das Ganze ist ein wunderschönes **Schauspiel** südländischen Temperaments. Und ab 10 Uhr

---

### ERHOLUNGSTIP

**Romeo**
Nur vom Allerfeinsten ist, was bei »Romeo« auf den Tisch kommt. Kein Wunder, das Lokal liegt direkt gegenüber dem Großmarkt! Spezialität ist Fisch der Saison, Meeresfrüchte, Fischsuppe, frittierter, gegrillter und geschmorter Fisch. Dem Ambiente entsprechend geht es volkstümlich zu, und im Sommer sitzt man auf dem Gehweg an einfachen Holztischen.
▶ **Via Francesco Negri 15, Tel. 578 13 45, So-abend und Mo geschl.** ◆AU

## MÄRKTE

morgens dürfen auch Normalverbraucher einkaufen. Dann können Sie Orangen kistenweise zu Spottpreisen ergattern! Nehmen Sie aus der Innenstadt die U-Bahn Linie B bis zur Haltestelle »Ostiense«.
▶ **rechts und links der Via Ostiense auf Höhe der Piazza del Gasometro.** ◆AU

# *Piazza Vittorio*

Hier ist Rom weder pittoresk noch romantisch, aber dafür sehr echt: eine Metropole! Der Markt an der Piazza Vittorio ist eine **spottbillige Einkaufsmeile** für Römer, Philippiner, Marokkaner, Nigerianer, Srilanker und Araber, die in den sanierungsreifen Palazzi aus der Gründerzeit in den Straßen zwischen der Piazza und dem Hauptbahnhof wohnen.
Hier mischt sich das **Mittelmeer** mit dem **Orient**, der Markt wird zum riesigen **Basar**.
Die Stände biegen sich unter riesigen Schinken, Käserädern und Bergen von Obst und Gemüse. Die Schlachtertresen quellen über vor fetten Hühnern, »abbacchio«, wie in Rom der Lammbraten genannt wird, und jeder Art von Innereien. Dazwischen gibt es Stände mit großen Säcken voller Couscous, orientalischer Gewürze und Teesorten.
Hier bekommen Sie frische Ingwerwurzeln und den besten indischen Curry der Stadt. Und natürlich fehlen auch die Buden mit billigen Klamotten, Stoffen und Koffern nicht. Lassen Sie sich von der bunten Menge treiben, aber halten Sie Ihre Tasche gut fest!
▶ **Piazza Vittorio.** ◆I6

# *Porta Portese*

Der römische **Flohmarkt**, wo Sie alles und nichts finden: den mehrstöckigen Kochtopf, Antiquitäten, Trödel, Ramsch, neue und Secondhand-Klamotten, wertlosen Schmuck, kitschige Kunstdrucke, Bücher, gebrauchte Fahrräder, gefälschte Markenparfums und Ledertaschen. Wenn Sie ein gebrauchtes Autoradio oder eine Stereoanlage zum Spottpreis sehen, ist nicht immer sicher, ob diese Stücke den Besitzer auf legale Weise gewechselt haben.
Auf dem **Riesenmarkt** herrscht immer ein irres Gedränge. Den Markt erreichen Sie mit dem Bus der Linie 170, Haltestelle Piazza Bernardino da Feltre.
▶ **Porta Portese.** ◆E8

## INFO

# Rom für Sweethearts

Einmal Gregory Peck und Audrey Hepburn sein und zusammen das märchenhafte Drehbuch für ein »Herz und ein Krone« neu schreiben – das geht nur in Rom!

Aufwachen sollten Sie in den Kissen des »Gregoriana« (→ S. 106). In diesem kleinen Hotel gibt es keinen Speisesaal, das Frühstück wird Ihnen sowieso direkt ans Bett gebracht. Genießen Sie kuschelnd den dampfenden Kaffee mit Blick auf Roms Kuppeln und Dächer. Vom Hotel sind es nur wenige Schritte zur Villa Borghese (→ S. 41). Am Eingang auf dem Pincio-Hügel leihen Sie sich ein rotes Tandemfahrrad und gondeln, vorbei an barocken Brunnen und Gartenhäusern, durch den Park.

Haben Sie schon ernste Absichten? In einem der Juweliergeschäfte am Fuß der »Spanischen Treppe« (→ S. 35) können Sie sich für Ihre Verlobungs- und Eheringe inspirieren lassen. Oder Sie nehmen sie gleich mit? Oder wie wär's, wenn Sie sich ein echt römisches Brautkleid aussuchen würden? Bei »Mariselaine« (Via Condotti 71) zum Beispiel finden Sie traumhafte Roben.

Die Römer heiraten übrigens im schönsten Standesamt der Welt, im Konservatorenpalast auf dem Kapitol (→ S. 51), und wenn auch Sie sich Ihr Jawort hier geben wollen – das Deutsche Konsulat (siehe Serviceteil, Diplomatische Vertretungen) gibt Ihnen die nötigen Informationen.

Wenn der Sonnenuntergang naht, ist es für Liebespaare auf dem Gianicolo-Hügel (→ S. 39) über Trastevere am allerschönsten – genießen auch Sie von hier aus den atemberaubenden Anblick auf die Gold-Rosa-Violett-Schattierungen über der Stadt.

Ein gediegenes Candlelight-Dinner am Abend serviert Ihnen das Mini-Restaurant »Il Bacaro«, das verwunschen hinter dem Pantheon liegt. Es gibt raffinierte italienisch-französische Küche, die beim Tête-à-tête im Kerzenschein die Zeit vergessen läßt (Via degli Spagnoli 27, Tel. 686 41 10, So geschl., Reservierung nötig).

Schlendern Sie dann durch die nächtlichen Gassen Roms, und machen Sie einen Abstecher in der Kneipe »Giulio Passami L'Olio«, wo Sie bei Crêpes und »Fragolino«, Rotwein aus den typisch römischen Erdbeertrauben, den Abend ausklingen lassen (Via Monte Giordano 28, Tel. 68 80 32 88).

## *Cartoleria Pantheon*

Handgemachtes Briefpapier, Adreßbücher, Schachteln, Geschenkpapier, Kalender und Fotoalben aus Florentiner und umbrischen Werkstätten gibt es in diesem altmodischen **Papiergeschäft**. Eine Fundgrube für Liebhaber ausgefallener Schreibwaren! Bis unter die Decke reichen die Holzregale, wo sich alle Modelle in jeder Größe stapeln. Dekoriert und bemalt sind die meisten Stücke mit Lilien-, Löwen- oder verspielten Blumenmotiven, die schon Jahrhunderte alt sind.
▶ **Via della Rotonda 15 (Pantheon), Tel. 687 53 13.** ◆F3

## *David Löpp*

Wenn Sie im Museum auch immer so sehnsüchtig vor den Vitrinen mit **antikem Schmuck** stehen – es gibt in Rom eine Adresse, wo Sie solche Stücke erstehen können. Der amerikanische Goldschmied David Löpp verliebte sich in seiner Wahlheimat Italien in die Formen und Farben, mit denen Griechen, Ägypter, Römer und Etrusker ihre Frauen schmückten. Er entwirft seinen Schmuck nach antiken und mittelalterlichen Vorbildern und verwendet antike Steine, Münzen und Amulette zur Verzierung. Was bisher nur Privatkunden zugänglich war, kann jetzt jeder kaufen: Löpp hat einen kleinen

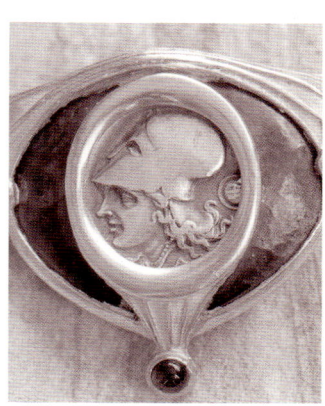

*Antiker Schmuck*

Laden in der Altstadt eröffnet.
▶ **Via dei Barbieri, Tel. 68 80 37 78.** ◆E5

## *Fratelli Bassetti Tessuti*

Wenn Sie zu Hause einen Schneider haben: Kaufen Sie **Stoffe** vom Meter, soviel in Ihre Koffer paßt! In diesem Laden haben Sie für jedes Modell vom Maßanzug bis zum Brautkleid eine

## SHOPPING

atemberaubende **Auswahl** an Seide, Baumwolle, Flanell, Leinen, Mustern. Es gibt sogar Wäschestoffe für Tischdecken und Bettwäsche und Maßhemden.
▶ **Corso Vittorio Emanuele II 73, Tel. 686 51 56.** ◆**E5**

# *Profumeria Materozzoli*

Lieben Sie schöne **Parfums**? Dann dürfen Sie nicht abreisen, bevor Sie in diesem Tempel edler Düfte ein Souvenir gekauft haben. Hier gibt es **Raritäten** wie etwa die seltenen Parfumöle des Florentiners Lorenzo Villoresi oder »Aqua di Parma« – Parfumhersteller, die ihre Produkte nur in den allerbesten Parfümerien Italiens verkaufen. Dazu zählt auch »Materozzoli«. Bei Materozzoli fuhren schon Roms adelige Damen im letzten Jahrhundert vor, um den letzten Schrei der Düfte aus London oder Paris zu probieren. Die **Originaleinrichtung** mit Holzregalen aus dem Gründerjahr 1870 und das altmodische Schaufenster mit verschnörkeltem Türschild erinnern noch an jene Zeit.
▶ **Piazza San Lorenzo in Lucina 5, Tel. 687 14 56.** ◆**E4**

# *Franco Borini*

Keine Sorge. Sie sind nicht in einem Lagerraum gelandet. Bei Franco Borini sitzen die Kundinnen geduldig auf abgewetzten Kunstlederstühlen. Neben ihnen türmen sich bis zur Decke **Schuhkartons** auf, aus

---

### ERHOLUNGSTIP

*Filetti di baccalà*
In diesem Lokal gibt es nur ein einziges Gericht: »baccalà«, ausgebackenen Stockfisch. Drinnen sitzt man an blankgescheuerten Tischen unter Neonfunzeln. Hübscher ist es draußen auf der kleinen Piazza mit Blick auf die Shopping-Meile Via dei Giubbonari, die vom Campo de' Fiori zum Ghetto führt.
▶ **Largo dei Librari 38.** ◆**E6**

# SHOPPING

denen Franco, wer weiß wie, immer das richtige Paar fischt. Das gewünschte Modell müssen Sie ihm im **Schaufenster** zeigen, wo die gesamte Kollektion aus der eigenen Werkstatt ausgestellt ist.

Trotz des Andrangs hat Franco nie Eile, denn bei ihm kaufen **modebewußte Römerinnen**, und die nehmen sich Zeit für die richtige Wahl.
▶ **Via dei Pettinari 86/87.**
◆**E6**

## *Josephine de Huertas & Co.*

Die Entwürfe von Josephine und ihrem Kompagnon Mauro Cracchi sind den aktuellen **Trends** nicht nur in Rom immer eine Saison voraus und trotzdem zeitlos klassisch.

So treffen sie genau den Ge-

---

### ERHOLUNGSTIP

*Friseurbesuch gefällig?*
Damit Sie neben den perfekt gestylten Römern ganz groß rauskommen – leisten Sie sich eine Sitzung beim Barbiere oder Friseur. Nur Mut: Alle römischen »parucchieri«, die Friseure, sind begnadete Haarschneider. Eine Adresse, die bei Römerinnen ganz hoch im Kurs steht, ist der Salon von Roberto D'Antonio. Die Herren sollten zu »Beppino« nahe der Spanischen Treppe gehen. Wenn Sie sich aus einem der vier Sessel erheben, werden Sie ganz bestimmt eine »bella figura«, eine gute Figur, machen und außerdem viel über die Eitelkeit Ihrer italienischen Geschlechtsgenossen gelernt haben!
▶ **Roberto D'Antonio, Piazza di Pietra, Tel. 679 31 97; Beppino Barbiere, Via Mario dei Fiori 82, Tel. 679 84 04.**

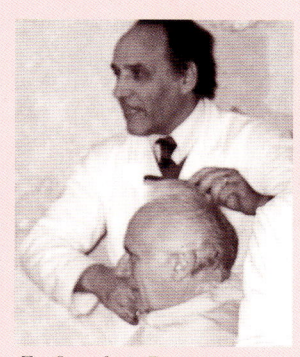

*Zu Gast bei »Beppino«*

# SHOPPING

*Avantgardemode*

schmack moderner Römerinnen: Die legen allergrößten Wert darauf, immer zur modischen **Avantgarde** zu gehören, wollen aber nicht völlig ausgeflippt aussehen.
Die Stärke des Designer-Duos sind Mäntel, Jacken, Kostüme und Strickwaren.
Dazu verkaufen sie ausgefallene **Accessoires** anderer junger Designer im Auftrag. Alles hat erschwingliche Preise.
Der kleine Laden ist in einer Gasse hinter dem Pantheon versteckt, damit modische Insider unter sich bleiben.
▶ **Via di Parione 19/20, Tel. 68 30 01 56.** ◆E5

## INFO

### Shoppen rund um die Via Condotti

Willkommen im Shopping-Paradies! In der Via Condotti liegen die exklusiven Adressen wie Armani, Prada, Max Mara, Gucci und der Juwelier Bulgari.
In der Via Borgognona finden Sie die Fendi-Schwestern, Rossetti-Schuhe und Versace. In der stilleren Via Vittoria kaufen feine Römerinnen in kleinen, aber sehr noblen Boutiquen Kleider und Strickwaren, an der Via Babuino drängen sich teure Antiquitäten- und Kunsthändler, Möbeldesigner und Läden mit edlem Haushaltskram.
Die preiswerteren Boutiquen liegen in der Via Frattina und an der Via del Corso.
Darüber hinaus gibt es in vielen kleinen Seitenstraßen unzählige Geschäfte, die sich bei einem Bummel rund um die Via Condotti wunderbar entdecken lassen.
Zu guter Letzt: Das einzige Kaufhaus – sie sind in Rom nicht sehr verbreitet – ist das »Rinascente« am Largo Chigi.

# GUT ESSEN & TRINKEN

- ▶ *Frühstückscafés*
- ▶ *Restaurants*
- ▶ *Cafés*
- ▶ *Eiscafés*
- ▶ *Bars & Kneipen*

## GUT ESSEN & TRINKEN

Im Leben eines Römers gibt es zwei Fixpunkte: Das »pranzo«, **Mittagessen**, und die »cena«, **das Abendessen**. Wen wundert's in einer Stadt, wo Lukull schon vor 2.000 Jahren raffinierte Gourmet-Dinner servierte, während anderswo noch Wildschweinkeulen gebraten wurden. Heute gibt es rund 5.000 Trattorien und Restaurants in der Stadt. Nach dem Untergang des römischen Imperiums kam mit den Bauern auch rustikale Küche in die Stadt. **Typische Gerichte** sind noch heute »maialino« oder »porchetta« (gedünstes oder geröstetes Spanferkel), »pollo« (Huhn), »coratella« (gemischte Innereien), »coda alla vaccinara« (Ochsenschwanz) und »abbacchio« (Lamm). Dazu gibt es Ofenkartoffeln oder **Grünzeug**, das am Wegesrand sprießt: würzig-pikanten »rughetta«-Salat oder »puntarelle«, ein Kraut, daß man mit Öl und Sardellen ißt. Vorweg wird natürlich **Pasta** in allen denkbaren Varianten genossen. Für das »coperto«, eine frische Tischdecke und Brot, werden in Italien zwischen Lit 2.000 und 4.000 berechnet.

Ein Essen der unteren Kategorie kostet bis Lit 25.000, in der mittleren Kategorie bis Lit 50.000 und in der oberen Preisklasse ab Lit 50.000 pro Person.

## *Sant'Eustacchio*

Es ist ein eifersüchtig gehütetes Geheimnis, wie der »caffé« im Sant'Eustacchio gebraut wird. Alles, was an die Außenwelt vordringt, ist ein **Espresso** der **Extraklasse**, der so schaumig ist, daß fast der Löffel darin stehen bleibt.

Die Bar selbst ist ein etwas altväterliches Relikt aus den 30er Jahren.

Die Römer sehen für einen »gran caffé«, das ist ein cremiger Kaffee in großer Tasse, gerne darüber hinweg.

▶ **Piazza Sant'Eustacchio 82, Pantheon, Tel. 686 13 09, Mo geschl.** ◆**E5**

## *Teichner*

Kurz bevor Sie zum ganz großen Einkaufsbummel in die teure Via Condotti starten, können Sie sich bei Teichner mit »**Caffé**«, »**Cornetti**« (leckeren Hörnchen) und anderen **Köstlichkeiten** vom Tresen einstimmen. Der Kaffee kommt auch hier aus der eigenen Rösterei. Die Häppchen sind besonders köstlich, weil »Teichner« auch ein **Delikatessen-**

# FRÜHSTÜCKSCAFÉS

**Geschäft** ist.
Im Sommer kann man an den Tischen im Freien wunderbar frühstücken.

▶ **Piazza San Lorenzo in Lucina 17, Corso, Tel. 687 14 49, Do nachm. u. So geschl.** ◆E4

## *Tazza d'Oro*

Hier gibt es alle **Kaffeevariationen** Italiens und für die heißen Sommermonate noch eine mehr: die »**Granità di Cafe**«. Das ist geeister Espresso mit Schlagsahne. Im morgendlichen Gedrängel müssen Sie sich sehr energisch den Weg an den Tresen bahnen. An die großräumige Bar ist ein Verkaufsraum angeschlossen. Hier können Sie den Kaffee aus der berühmten **Tazza d'Oro-Rösterei** kaufen und für zu Hause in Dosen mit Kolonialmotiven verpacken lassen.

▶ **Via degli Orfani 84, Tel. 678 97 92.** ◆E5

*Der Kaffeespezialist*

---

### INFO

***Römisches Frühstück***
Die meisten Römer gehen morgens mit leerem Magen aus dem Haus. Unterwegs trinken sie in einer Bar Caffé oder Cappuccino und essen ein »cornetto« (Hörnchen). Das reiche Frühstück der Nordeuropäer kennen sie nicht.
Die besten Alternativen: Bars, die außergewöhnlich guten Kaffee ausschenken, oder Cafés, wo Sie sich schon morgens mit einer Auswahl an Panini, Tramezzini und Teilchen über Ihren nordischen Morgenhunger hinwegtrösten können.
Und geben wir's doch zu: Was ist schon ein Frühstücksei gegen einen Cappuccino in der warmen Morgensonne an der Piazza?

GUT ESSEN & TRINKEN

R E S T A U R A N T S

# *Antica Bottigliera Beltramme*

Die »Antica Bottiglieria Beltramme« liegt so unscheinbar hinter einer schnörkellosen Holztür in der lebhaften Via della Croce, daß sich kaum ein Fremder hierher verirrt. Drinnen, an den acht kleinen Holztischen am schmalen Gang, sitzen mittags **Journalisten** aus den umliegenden Redaktionen dicht gedrängt mit **Intellektuellen** und **Bohemiens**. Es gibt **deftige Küche**, »tonnarelli cacio e pepe« (Spaghetti mit Käse und schwarzem Pfeffer), Roastbeef mit schwarzen Oliven und »torta alla nonna« (Quarkkuchen mit Pinienkernen). Schon in den 50er Jahren war das Lokal Treff der Dichter- und Künstlerelite, die auf Fotografien verewigt ist. **Federico Fellini** heckte über dem legendären Roastbeef sein »Dolce Vita« aus.
▶ **Via della Croce 39, Spanische Treppe, So geschl., mittlere Kat.** ◆E3

# *Baffetto*

Bringen Sie Geduld mit, wenn Sie eine der besten **Pizzen** Roms essen wollen. Römer stehen hier bis zu einer Stunde Schlange, um einen der Plätze an den Tischen mit Holzklappstühlen und Papiertischdecken zu ergattern!
Drinnen herrscht ein ohrenbetäubender **Lärm**, wenn der Laden voll ist. Im Sommer sitzen Sie draußen an der Via del Governo Vecchio, auf der die Vespas vorbeiknattern. Ist der Kellner endlich an Ihrem Tisch, entscheiden Sie sich schnell, sonst ist er wieder weg, und dann dauert es noch länger, bis Sie in Ihre dampfende, knusprige Pizza beißen können.
▶ **Via del Governo Vecchio 114, Piazza Navona, Tel. 686 16 17, So geschl., untere Kat.** ◆E5

# *Camponeschi*

Wollen Sie mal so richtig **schlemmen**? Bestellen Sie heute abend einen Tisch bei »Camponeschi«. **Spezialitäten** des Hauses sind Pasta mit frischen Trüffeln, Champagner-Risotto, Fisch, Meeresfrüchte – probieren Sie den Hummer in Him-

*Für besondere Anlässe: Schlemmen im Camponeschi*

beeressig-Sauce! – und Wild, das immer mit Polenta, dem norditalienischen Maisbrei serviert wird. Gastwirt Alessandro Camponeschi empfiehlt exzellente **Tröpfchen** vom eigenen Weingut.
Die Bedienung ist ausgezeichnet, und das ist in Rom ebenso eine Seltenheit, wie die ausgewählte **Einrichtung** mit Möbeln im Stil Ludwig XV., französischen Moiré-Stoffen, Stuck, venezianischer Wandmalerei und Kerzenschein.
▶ **Piazza Farnese 50, Tel. 687 49 27, So geschl., obere Kat.**
◆**D6**

# *Casina Valadier*

Vielleicht kein reiner Zufall: Das Lokal steht genau dort, wo Lucullus vor 2.000 Jahren durch seine Gärten wandelte und seinen Gästen stolz exotische Pflanzen zeigte, die er von seinen Streifzügen mitgebracht hatte und mit deren Früchten er seine sagenumwobenen Festessen ausstattete.
Das Café-Restaurant von heute liegt im **klassizistischen Pavillon**, den der französiche Architekt Valadier im 19. Jahr-

## RESTAURANTS

*Auf Lucullus' Spuren*

hundert baute, eingebettet in das Grün des **Pincio-Hügels**. Rom liegt Ihnen zu Füßen, und im Sommer weht eine leichte Brise unter den weißen Sonnenschirmen. Passend zur Hitze stehen auf der Speisekarte **leichte Gerichte**, Salate, Carpaccio und Fisch. Am Nachmittag wird das Restaurant zum Café.
▶ **Viale Belvedere, Tel. 69 92 02 64, Mo geschl., obere Kat.** ◆**F3**

# Costanza

Haben Sie auch abends die römische Antike noch nicht satt? Dann sollten Sie einen Tisch im »Costanza« bestellen.
Nicht etwa, weil die Küche den alten Römern abgeguckt wäre. Auch moderne **Feinschmecker** kommen hier bei Pasta mit Steinpilzen oder Langustencreme, Carpaccio, Bistecca Fiorentina (Riesensteak, das man zu zweit bestellt) und Tiramisù mit Blaubeeren auf ihre Kosten. Was Sie im Costanza mit der Historie verbindet, sind die **Gewölbe**, unter denen Sie sitzen: Das Restaurant steht auf den Ruinen des **Pompejus-Theaters**, in dem vor 2.000 Jahren Roms Senatoren debattierten.
Ein machthungriger Hitzkopf hatte das Gerede eines Tages satt und stieß einem aus der Runde ein Messer in den Rücken. Das Opfer hieß **Julius Caesar**. Im Sommer ißt man im kleinen Innenhof.
▶ **Piazza Paradiso 63, Tel. 686 17 17, obere Kat., So geschl.** ◆**E5**

# Cul de Sac

Es passiert ausgerechnet im Land der Pasta: Heute können Sie Spaghetti einfach nicht sehen! An einem solchen Abend ist das »Cul de Sac« genau die richtige Adresse.

In dem schlauchartigen Raum sitzen Sie an blanken **Holztischen**, neben und über Ihnen lagern **750 Weinsorten**. Passend zu den guten Tröpfchen bietet die Küche des Hauses selbstgemachte Pasteten, Quiches, Aufläufe, Desserts oder Käse- und Wurstplatten. Und ein Abendessen für zwei Personen mit einer guten Flasche Wein kostet trotzdem kaum mehr als Lit 50.000.

▶ **Piazza Pasquino 73, Tel. 68 80 10 94, Mo geschl., mittlere Kat.** ◆E5

# Da Giggetto

Ein kulinarischer Ausflug ins »Ghetto« ist vor allem im Winter ratsam – die **jüdisch-römische Küche** ist schwer, aber extrem gut!
Spezialitäten sind »fritto misto«, eine gemischte Platte ausgebackener Artischocken, Äpfel, Zucchiniblüten sowie Hirn und Mozzarella.
Oder die berühmten »carciofi alla giudea«, frittierte Artischocken, die im Öl »aufblühen« und knusprig serviert werden.
Natürlich gibt es auch eine reiche Auswahl an Pasta, Stockfisch (Baccalà) und Fischsuppe. Wenn Sie im Sommer kommen, sitzen Sie an Tischen auf dem Gehsteig direkt neben antiken **römischen Säulen** und dem **Marcellus-Theater**.

▶ **Via del Portico D'Ottavia 21/22, Tel. 686 11 05, mittlere Kat.** ◆E6

## INFO

### Ciao, bella!

Wenn Sie als Frau allein oder mit einer Freundin nach Rom kommen, werden Ihnen verschiedene Schlachtrufe junger Römer schon am Flughafen entgegenschallen. Ganz zu schweigen vom ersten Bummel durch die Innenstadt. Das »Anmachen« der Touristinnen aus dem Norden ist ein weitverbreiteter Sport junger Männer. Weil ihnen nicht mehr als »Ciao, bella!« (Hallo, schöne Frau!) oder ein geradebrechtes »How do you do?« (Wie geht es Dir?) einfällt und sie wie bunte Vögel ihr Gefieder aufplustern, werden sie »pappagalli«, Papageien, genannt. Es gibt nur ein Rezept, sie loszuwerden: ignorieren. Sie dürfen weder verlegen kichern noch wütend reagieren, denn das ist für einen ehrgeizigen »pappagallo« erst recht die Aufforderung zum Tanz.

RESTAURANTS

# *Nino*

Hier treffen sich mittags feine **Römer** und **Modeleute** aus den Shopping-Tempeln drum herum. Sie wissen, daß »Nino« eine der wenigen Gaststätten ist, die ihren kulinarischen Ansprüchen gerecht wird. Nino kocht **toskanisch-herzhaft**: weiße Bohnen, Bandnudeln mit Hasenragout und saftiges Fiorentina-Steak. Alles ist so köstlich wie bei Mamma, aber doch noch ein bißchen raffinierter. Das **Traditionslokal** liegt versteckt hinter einer schlichten Glastür mit Gardine mitten in der feinen Einkaufsstraße **Via Borgognona** gegenüber der Spanischen Treppe. Die Einrichtung ist schlicht, die Wände sind mit dunklem Holz getäfelt, und Sie nehmen an einfachen Tischen mit weißen Leinendecken Platz. Wenn Sie auf die Sonne einmal verzichten können, aber so richtig gut lunchen wollen, sind Sie hier richtig.
▶ **Via Borgognona 11, Tel. 678 67 52, So geschl., mittlere Kat.** ◆F4

# *Perilli a Testaccio*

**Römischer** können Sie nicht essen! Bei »Perilli« kommen »rigatoni alla pajata« (Makkaroni mit Kalbsdarm), bucatini alla carbonara (dicke Spaghetti mit rohem Ei und frittiertem Speck), »coratella« (Ragout aus Leber, Nieren, Kutteln und Artischocken), »maialino« (Spanferkel) oder »coda alla Vaccinara« (Ochsenschwanz) auf den Tisch. Die Portionen

---

### INFO

*Pizza & Co.*
Römer trinken zur Pizza Bier, keinen Wein. Für deutsche Bierkenner sind die italienischen Marken, die sie in der Pizzeria bekommen, wahrscheinlich eine Zumutung. Trösten Sie sich damit, daß diese Biere leicht sind und den Durst stillen – Pizza ist salzig. Und wenn Ihr römischer Tischnachbar seine Pizza mit Messer und Gabel zerteilt, müssen Sie das nicht nachmachen. Es gibt keine Regel. Pizza ißt jeder, wie er will, auch mit den Händen!

# RESTAURANTS

sind für den ganz **großen** Hunger bemessen: Die Pasta wird gleich in der Schüssel serviert. Man merkt, daß früher die Schlachter aus dem nahen »Mattatoio«, dem Schlachthof (→ S. 83), zum Mittagessen kamen. In der **volkstümlichen Gaststätte** geht es römisch laut zu. und es ist immer voll. Nach dem schweren Essen bloß nicht gleich ins Hotelbett sinken, sondern die Gelegenheit zu einem Bummel durch die Kneipen des **Testaccio-Viertels** nutzen!
▶ **Via Marmorata 39, Tel. 574 24 15, Mi geschl., mittlere Kat. ◆E8**

## Pierluigi

Kann es denn eine Ehre sein, in kaum einem Gourmet- oder Touristenführer erwähnt zu werden? Für eine römische **Trattoria** ja! Denn es ist wohl die einzige Chance für die Leute von nebenan, für Weltenbummler, Filmstars und Politiker, in diesem Lokal mitten in der Altstadt so ganz »unter sich« zu bleiben.
Wirt **Roberto**, der als Tellerwäscher angefangen hat, kennt fast jeden Gast persönlich. Er serviert frittiertes Gemüse, traumhafte Pasta mit Trüffeln oder Meeresfrüchten, frischen Fisch, legendären Schokoladenkuchen, Obst und Grappabowle. Sie sitzen gemütlich gedrängt an Holztischen, zwischen denen Kellner mit klappernden Tellern hin- und herflitzen und schwungvoll Weinkorken knallen lassen. Weil der Platz nie reicht, stehen auch im Winter Tische draußen an der malerischen Piazza de' Ricci.
▶ **Piazza de' Ricci (Via Monserrato), Tel. 686 87 17, Mo geschl., mittlere Kat. ◆D5**

*Für Gourmets genau das richtige*

C A F É S

# Caffé Greco

Ein Besuch des »Caffé Greco« gehört für einen deutschen Reisenden zu einer Rom-Tour wie die Besichtigung des Petersdoms. Schon allein deshalb, weil Dichterfürst **Goethe** nur wenige Jahre nach der Eröffnung des Lokals 1760 einer der ersten ausländischen Stammgäste war. Lassen Sie sich nach einem ausgedehnten Stadtbummel in die **dunkelrot gepolsterten Möbel** an den kleinen **Marmortischen** sinken, die auch aus Goethes Zeiten stammen, genießen Sie Tee oder Campari, und vergessen Sie einen Moment lang die Sony-bewaffneten Japaner drum herum. Immerhin gibt es noch genug Barockspiegel, Zeichnungen und Gemälde an den Wänden zu bewundern.
▶ **Via Condotti 86, Tel. 678 25 54. So geschl.** ◆**F4**

*Ein Café mit langer Tradition*

# CAFÉS

## *Babington's*

In der **angelsächsischen Atmosphäre** des »Babington's« mit Stilmöbeln und Kamin dreht sich alles um den **Tee**. Wenn Sie keinen Kaffee mögen, ist dieses Café am Fuß der Spanischen Treppe also die richtige Adresse in Rom. Morgens bekommen Sie sogar ein **englisch-amerikanisches Frühstück**. Lassen Sie sich allerdings nicht dazu verleiten, hier eine Mittagspause einzulegen. Die Preise für kleine Speisen sind astronomisch! Wenn Sie sich wundern, warum auch Römer an den Nachbartischen sitzen – alles, was »very english« ist, gilt in Rom als besonders fein.
▶ **Piazza di Spagna 23, Tel. 678 60 27, Di und Juli–September auch So geschl.** ◆**F4**

## *Ciampini*

Das Parlament und die Redaktionen der großen Tageszeitungen sind nur wenige Schritte entfernt. Kein Wunder, daß ausgerechnet **Politiker** und **Journalisten**, die für ein ausgedehntes »pranzo« keine Zeit haben, bei »Ciampini« Trost suchen. Und sie finden ihn reichlich: bei **Panini** und **Tramezzini** der **Sonderklasse**, bei Parmaschinken, Lachs und Scampis. Dazu ein Gläschen Weißwein, frisch gepreßten Grapefruit-Saft, Campari oder Caffè.

---

### INFO

*Tramezzino*
Der »tramezzino« ist die römische Version des Sandwiches: zwei krustenlose Weißbrotscheiben, die diagonal in zwei Dreiecke zerschnitten werden. Die typische Auflage besteht aus Tomaten und Mozzarella oder Thunfisch, Hühnchensalat, Spinat und Mozzarella, Käse und Schinken. Es gibt auch die Luxusausführung mit Lachs, Kaviar oder Krabben. Ursprünglich diente der Tramezzino der Resteverwertung, daher sind der Phantasie bei der Zubereitung auch keine Grenzen gesetzt.

## CAFÉS

Das Dauerpiepen der »telefonini« ist es wohl, was die graulivrierten Kellner um die Mittagszeit etwas hektisch macht. Von den Tischen aus können Sie das Rangieren und Parlieren der Politiker-Chauffeure beobachten.

Die Plätze im Freien sind übrigens auch im Winter schön warm: Unter den Sonnenschirmen wärmen Gasöfen die Gäste.
▶ **Piazza San Lorenzo in Lucina 29, Tel. 687 66 06, So geschl.** ◆E4

## Di Rienzo

Zugegeben, so ganz unter Römern werden Sie bei »Di Rienzo« nie sein. Natürlich wollen auch andere Touristen aus aller Welt mit Ihnen den **einmaligen Blick** auf das Pantheon genießen.

Mittags gibt es kleine warme Speisen, die allerdings sehr teuer sind. Und die Tramezzini sind mindestens genauso gut: mit Lachs, Krabben oder Spinat. Zum Kaffee gibt es eine **Riesenauswahl** an Torten, Gebäck und Eisbechern. Am schönsten ist es im Rienzo aber zur Dämmerstunde bei einem kühlen Glas Weißwein oder einem Campari Soda. Zum Aperitif werden kleine Snacks gereicht.
▶ **Piazza della Rotonda 9, Tel. 686 90 97, Di geschl.** ◆E5

## Rosati

Das Café ist ein **Klassiker**, wo sich früher Intellektuelle trafen, die heute den Touristen Platz gemacht haben. Die Qualität der **hausgemachten** Torten, des Gebäcks, der »gelati« und Tramezzini hat darunter allerdings nicht gelitten. Geblieben ist natürlich auch die **Piazza del Popolo**, wo vor allem sonntags Tausende Römer von der Peripherie zu Fuß, mit der Vespa oder im Auto flanieren. Ein typisch römisches **Spektakel**, das Sie von einem Tischchen an der Piazza aus in aller Ruhe genießen können. Wenn das Wetter mal nicht so gut ist, sitzt man auch drinnen sehr hübsch zwischen **Jugendstilmöbeln**. Was nicht typisch römisch ist, aber trotzdem erwähnt sein soll: Hier gibt es die beste **heiße Schokolade** der Stadt, die wirklich nur aus Schokolade besteht. Köstlich!
▶ **Piazza del Popolo 5, Tel. 322 58 59, Di geschl.** ◆E3

INFO

# *Romulus und Remus*

In einer Stadt, die fast 3.000 Jahre alt ist und die jahrhundertelang »caput mundi«, Mittelpunkt der Welt war, ranken sich Legenden um jede Ruine, jedes Haus, um jeden Kaiser und jeden Papst. Eine von ihnen ist allgegenwärtig. Wenn Sie am Souvenirstand eine Postkarte mit der Bronzewölfin und den Zwillingsbrüdern oder in den Kapitolinischen Museen das Original sehen (→ S. 51), werden Sie sich erinnern: an die Geschichte von Romulus und Remus.

Seit Caesars Zeiten wurde im Forum Romanum ein schwarzer Basaltstein verehrt. Der »Lapis Niger«, so sein lateinischer Name, soll das Grab des Romulus bedecken, der die Stadt im Jahr 753 v.Chr. (nach unserer heutigen Zeitrechnung) gegründet hatte.

Romulus und sein Zwillingsbruder Remus, so erzählte man sich, waren Söhne der Silvia, einer Dienerin der Göttin des Herdfeuers Vesta und des Kriegsgottes Mars. Nach der Geburt setzte Silvias Onkel die Brüder in einem Schilfkörbchen im Tiber aus. Doch sie wurden am Fuß des Palatin-Hügels wieder angeschwemmt. Eine Wölfin fand die beiden, nahm sie mit in ihre Höhle und nährte sie gemeinsam mit ihren Jungen.

700 Jahre später war das für die Römer, die sich anschickten, ihr Imperium zu gründen, die passende Geschichte: Die Wölfin als Sinnbild für die unversiegliche Kraft der »Mater Roma«, der Mutterfigur Rom, die dazu auserwählt ist, die Völker des Erdkreises an die Brust zu nehmen.

Nachdem die Wölfin die Brüder aufgezogen hatte, erschlug Romulus seinen Bruder Remus, etwa so wie Kain den Abel. Nur hielt man das damals nicht für sündig und schlecht, sondern für kämpferisch. Romulus gründete dann die Stadt, nachdem er auf einer Anhöhe gegenüber des Palatin über die sieben Hügel geschaut und ein Vogel-Orakel befragt hatte. Die Anhöhe heißt heute »Aventin« (→ S. 38), abgeleitet aus dem lateinischen »ab avibus«, vom Vogel oder Vogel-Orakel.

Was an der Legende Märchen und Wahrheit ist, kann niemand überprüfen. Romulus, so glauben Historiker, könnte es aber wirklich gegeben haben, und es ist möglich, daß er wirklich der Gründer der Stadt war. Die Nachsilbe »-ulus« in seinem Namen ist etruskisch und deutet auf einen Gründer hin. Und zu den ersten Königen der Stadt gehörten die Etrusker (→ S. 50). Die Etrusker hatten die Angewohnheit, den Zug der Vögel zu beobachten, bevor sie Felder oder Städte anlegten.

EISCAFÉS

# *Giolitti*

Der Laden ist von morgens bis nachts **brechend voll**, und dementsprechend gibt es 50 Eissorten, nicht nur für jeden Geschmack, sondern auch für jede Tageszeit. Caffè für den Morgen, »zuppa inglese«, nach der gleichnamigen Torte, für den Nachmittag, Champagner, Grand Manier und »la voglia matta«, die Irrsinnslust aus Schokolade, Caffè und Whiskey, für den Abend. Dazu eine unendliche Fülle an Frucht-, Sahne- und Schokoladenvariationen. Schon der kleinste Becher für Lit 2.500 ist eine Riesenportion, und auf Wunsch bekommen Sie eine Haube Schlagsahne obendrauf. »Giolitti« ist die **berühmteste römische Eisdiele**, zugleich aber auch **Caffé-Bar** und Konditorei. Tische gibt es allerdings nur im Saal, der – wie die gesamte Ausstattung der Bar – etwas spießig und seit den 60er Jahren wohl nicht mehr erneuert worden ist. Nehmen Sie daher eine Waffel auf die Hand, die Römer machen es auch so.
▶ **Via Uffici del Vicario 40, Parlament, Tel. 699 12 43, 7-2 Uhr, Mo geschl. ◆E4**

# *La Fonte della Salute*

Der Name »Quell der Gesundheit« soll vielleicht darüber hinwegtäuschen, daß man hier zur absoluten **Sünde** verführt wird. Unter den herkömmlichen Geschmacksrichtungen

---

### INFO

#### *Frullati*
Römer erfrischen sich an heißen Sommertagen nicht nur mit Eiscreme. Bei vielen stehen auch »frullati«, Milchshakes, hoch im Kurs. Sie werden mit frischem Obst zubereitet und machen nicht so dick – man kann sie auch ohne Zucker ordern.

Beliebteste Milchshake-Bar in Rom ist ein ganz unscheinbarer Laden hinter dem Pantheon, der sich sinnigerweise »Il frullato« (Via di Torre Argentina 20) nennt. Die Frullati sind hier so köstlich, daß die Leute abends Schlange bis auf die Straße stehen.

sticht »profiteroles« hervor, die einem »dolce« aus Biskuitteig, Vanillecreme und flüssiger Schokolade nachempfunden ist. Sie bekommen fingerdicke Crêpes, gefüllt mit Halbgefrorenem aus Schokolade, Zabaione, Kokos oder Tiramisù.
Es gibt Eistorten, Spaghetti und Spiegelei aus Eiscreme und viele verlockende Eisbecher. Die Eisdiele liegt im Kneipenviertel **Trastevere**.
▶ **Via Cardinal Marmaggi 2/4/6/, Tel. 589 74 71, 10-3 Uhr, Di geschl.** ◆**E7**

## *Palazzo del Freddo*

Der »Palast der Kälte« ist eine der ältesten **Eisfabriken** der Stadt. Das Eis wird noch nach den Rezepten des Firmengründers Giovanni Fassi von 1924 zubereitet.
Neben den klassischen **Eiscremesorten** finden Sie hier »semifreddo«, halbgefrorene **Eistorten**, für die Römer jedes »dolce« stehenlassen.
Zu den gelungensten Kompositionen gehört »Caterinetta«, eine Mischung aus Sahne, Schokolade und Zabaione. Eine weitere Spezialität ist »Trinkeis«, die eiskalte Variation des Milchshake. Sitzen kann man an Bistro-Tischen vor der Bar und in einem kleinen Innenhof.
▶ **Via Principe Eugenio 65/67, Piazza Vittorio, Tel. 446 47 40, Sommer 12-24 Uhr, Sa/So 10-24 Uhr, Winter 12-21 Uhr, Sa/So 10-21 Uhr, Mo geschl.**
◆**16**

## *Tre Scalini*

Natürlich kann man nicht aus Rom abreisen, ohne einen echten »tartufo« probiert zu haben! Und den gibt es nur im »Tre Scalini« an der Piazza Navona.
Vielleicht kennen Sie die **Schokoladen-** oder **Vanilleeis-**Bällchen mit Kakaopulver drum herum, die inzwischen jede größere Eisfirma anbietet. Alle Tartufi sind von diesem Original abgekupfert und reichen an die Qualität bei weitem nicht heran.
Der echte Tartufo ist nur aus **Schokoladeneis**, im Herzen ist eine **Kirsche** versteckt, und draußen ist er mit knusprigen **Schokoladenstreuseln** bedeckt. Er wird solo oder mit einem Berg Schlagsahne und einer Waffel serviert.
▶ **Piazza Navona 30, 9-22 Uhr, Tel. 68 80 19 96, Mi geschl.** ◆**E5**

# *Römischer Alltag*

Ein Römer beginnt seinen Tag vor dem Spiegel. Die Kleinigkeit von rund einer Stunde – Männer etwas mehr als Frauen – verbringen Römer laut Statistik mit Duschen, Fönen, Schminken, Ankleiden. Denn egal, ob man hinter dem Postschalter sitzt oder Parlamentarier ist – perfektes Styling muß sein.

## DER VERKEHR

Nach einem Caffè zu Hause oder in der Bar stürzt man sich gegen 8 Uhr in den Verkehr. Der Weg zum Arbeitsplatz macht den Streß des römischen Alltags aus. Der Verkehr ist höllisch. Die meisten Leute wohnen an der Peripherie, arbeiten aber im Zentrum. Zum Berufskommt der Schulverkehr: Weil schon das Überqueren einer Straße lebensgefährlich ist, fahren Mütter ihre Kinder mit dem Auto zur Schule. Im Stau verbringt man morgens und abends mindestens eine Stunde. Die Warterei ist für das südländische Temperament natürlich unerträglich, und um der Ungeduld Luft zu machen, wird gedrängelt, geflucht, gehupt.

## IM BÜRO

Zum Glück ist man irgendwann dann doch im Büro! Rom ist Regierungs- und Verwaltungsstadt, wo die Uhren entsprechend geduldig ticken. Eine Zigarette und ein Plausch mit Kollegen – erst dann ist die Welt wieder in Ordnung, auch wenn sich vorm Schalter Schlangen bilden oder das Telefon verzweifelt ins Leere klingelt. »Il dottore non è nella stanza«, der Herr ist nicht an seinem Platz, ist ein klassischer Spruch römischer Sekretärinnen, auch zu Tageszeiten, zu denen Herr Dottore nun wirklich an seinem Schreibtisch sitzen sollte. Gegen elf geht's in die Bar zum Caffè, und damit wäre die Zeit bis zur Mittagspause schon fast überstanden. Ihre »ora di pranzo«, die Mittagszeit, ist den Römern heilig, und sie bevölkern Trattorien, Restaurants und Bars, die »tavola calda«, warme Gerichte, anbieten.

## DER FEIERABEND

Nach Büroschluß gegen 20 Uhr fährt der Römer nach Hause, wo die Familie, die dampfende Pasta und der Fernseher warten, und bringt meistens keine Energie mehr auf, abends auszugehen. Wer allein lebt, trainiert in der »palestra«, dem Sportstudio, oder bestreitet eine Partie Fußball mit Freunden. Das Heer der Parlamentarier vertreibt sich die römischen Abende mit Assistenten, Sekretärinnen und Kollegen in den Restaurants der Innenstadt.

## Bar del Fico

Der große **Feigenbaum**, unter dem man sitzt, hat der Kneipe den Namen gegeben.
Für alle, die dem heimischen Bierchen nachtrauern: Hier gibt es eine – für römische Verhältnisse – recht große Auswahl. Darunter viele **Modebiere** wie das mexikanische »Corona« und karibische Biere, die vor allem bei Szeneleuten so sehr »in« sind und die man natürlich auch hier direkt aus der Flasche trinkt. Am Abend herrscht viel Durchgangsverkehr, weil das »Fico« die **Börse für Tips** ist, wo die heißeste Fete läuft.
Wenn Ihnen im Winter schrecklich kalt ist, können Sie an der Theke nach einem »china caldo« fragen. Das ist ein erhitzter Magenbitter, der kalte Knochen so richtig aufheizt.
▶ **Piazza del Fico 26a, Tel. 686 52 05. ◆D5**

## Bevitoria

Vergessen Sie nicht, daß Sie irgendwo einen Tisch zum Abendessen bestellt hatten und eigentlich nur zum Aperitif ins »Bevitoria« gekommen sind: Bei ein, zwei oder mehr Gläschen eiskaltem Spumante kommt man bei der **Kulisse** an einem warmen Sommerabend leicht ins Schwärmen. Vor Ihnen breitet sich die sanft beleuchtete **Piazza Navona** aus, die Porträtmaler und Souvenirverkäufer bauen ihre Stände auf, und die Häppchen und Salznüsse auf dem Tisch stillen den schlimmsten Hunger. Im Keller lagern Hunderte bester italienischer **Weine**, die jeden Geschmack des buntgemixten Publikums befriedigen. Lassen Sie sich beraten. Im Winter werden überwiegend Rotweine ausgeschenkt. Wenn es wirklich zu kalt für die Piazza ist, können Sie versuchen, drinnen einen der wenigen Plätze zwischen den **Holzschränken** zu bekommen. Das ist urgemütlich.
▶ **Piazza Navona 72, Tel. 654 10 22, So geschl. ◆E5**

## Cavour 313

Diese **Weinstube** ist zugleich ein Paradies für **Salatfreaks**. Es gibt sie hier in reicher Auswahl, und sie sind raffiniert zubereitet, was sonst in Rom leider selten ist. Die kleine Küche

bietet außerdem Käse- und Wurstsortimente, geräucherten Fisch und Pasteten für den kleinen Hunger. Geradezu unendlich ist die Auswahl der **Weine**: 500 Sorten füllen die Karte. Die Kneipe ist vom Fußboden bis unter die Decke mit dunklem Holz eingerichtet. Das Ambiente hat das Flair eines römischen Weinlokals der 30er Jahre.
▶ **Via Cavour 313, Kolosseum, Tel. 678 54 96, So geschl.**
◆**G6**

# *Ferrara*

Ein **Mekka** römischer **Weinspezis** ist diese Bar geworden, die die Schwestern Lina und Mary Paolilla erst seit ein paar Jahren führen. Lina ist Sommelier und reist unentwegt durch Italiens beste Weinregionen, um den Bestand des eigenen Kellers auf höchstem Niveau zu halten. Und obwohl das Lokal winzig ist, haben die Schwestern auch eine kleine **Küche** eingebaut. Passend zum Wein servieren sie überbackenen Porree, Steinpilzsuppe oder als Dessert Orangenmousse mit Nußcreme. 30 der 200 Weinsorten werden auch glasweise ausgeschenkt. Das »Ferrara« ist auch ein heißer Tip für romantische Abende: Es liegt in einer stillen Gasse im Kneipenviertel **Trastevere**.
▶ **Via dell'Arco di San Callisto 36, Tel. 581 70 11, Di u. im Sommer auch So geschl.**
◆**D7**

---

## INFO

***Ein kühles Bierchen ...***
In den meisten Bars, Restaurants und Kneipen bekommen Sie italienisches Bier, das der echte Kenner natürlich naserümpfend ablehnt. Doch die Kneipenlandschaft in Rom hat sich dem Bierdurst der Nordeuropäer inzwischen angepaßt. Es gibt neben einigen deutschen und österreichischen Bierstuben mit viel kitschigem Lokalkolorit auch einige ganz anständige Pubs wie etwa »Wisky & Duck« in der Via di Panico 15 (Piazza Navona). Ein Traditionslokal ist der Pub »Victoria House« in der Via di Gesù e Maria (Spanische Treppe), wo Sie Guinness vom Faß bekommen. Sehr jugendlich ist der Irish Pub »Clamur« an der Piazza dell'Emporio 1 (Testaccio).

BARS & KNEIPEN

# *Il Cantiere di S. Dorotea*

Wer abends keine Lust auf laute Kneipen hat, ist bei Alberto Costantini richtig aufgehoben. Hier läuft alles ganz gediegen ab, man kann bei ruhiger Musik relaxen und dazu die Perlen im Glas zählen: Spezialität des Hauses sind **Sekt** und **Prosecco**, den Sie in 30 verschiedenen Sorten bekommen können. Die Preise verderben auch nicht die Laune: Ein Glas Prosecco ab Lit 2.000 und ein Kelch Champagner für Lit 7.000 – da kann man nichts sagen.

▶ **Via di S. Dorotea 9, Trastevere, Tel. 581 90 25, Di geschl.**
◆D6

# *Il Piccolo*

Klein, wie der Name schon sagt, ist dieses **Weinlokal** hinter der Piazza Navona: Gerade sechs Bistro-Tischchen stehen zwischen Tresen und Weinregalen. Die **Holzdecke** ist so niedrig, daß man fast den Kopf einziehen möchte. Eine gemütliche Kneipe vor allem für das Winterhalbjahr, wo Sie nach dem Abendessen bei Kerzenschein noch ein Gläschen trinken können. Es gibt Weine aus Italien und Frankreich, Grappa, Port und Calvados. Aber die eigentliche **Spezialität** des Hauses ist

---

## INFO

### *Testaccio*
Wenn eine Kneipe in der römischen Szene zur Zeit Erfolg haben will, sollte sie im Testaccio liegen. Musiklokale, Bars und Discos haben sich in diesem Viertel zwischen Tiber und Großmarkthallen (→ S. xxx) breitgemacht, einer Siedlung aus dem frühen Industriezeitalter, wo Arbeiter und kleine Leute wohnen. In der römischen Antike lag hier der Großmarkt. Ein Relikt aus jener Zeit ist der 40 Meter hohe Testaccio-Hügel, der nichts als ein Scherbenhaufen ist. Hier wurden ausgediente Öl- und Weinamphoren »entsorgt«. Bis vor kurzem war das alte »mattatoio«, der Schlachthof, in Betrieb. Heute ist es ein Areal für Kulturspektakel.

eine »sangria ai frutti di bosco« (Waldfrüchte), die man mit einem Strohhalm aus einer Schale schlürft. Wer noch nicht satt ist, kann von den hausgemachten »dolci« naschen.
▶ **Via del Governo Vecchio 74/75, Di geschl.** ◆**D5**

# Le Cornacchie

Eine der ältesten römischen Kneipen. Dauerbrenner und fast schon **Traditionslokal** in der römischen Kneipenszene. Die Bar liegt im nächtlichen **Bermuda-Dreieck** zwischen Campo de' Fiori, Pantheon und Piazza Navona.
In dem etwas barock eingerichteten Lokal – dominierende Farben sind Rot und Gold – schlürft man Sekt, Cocktails und Bier an der Bar oder in zwei engen Räumen mit Sitzecken. Mittags und abends ist auch das kleine, angrenzende Restaurant mit kleiner, aber feiner **Speisekarte** geöffnet. Böse Zungen sagen, daß hier zu viele Schickis einkehren. Aber das ist Geschmackssache. Wer drübersteht, freut sich dagegen über die angenehme Atmosphäre, die Qualität der Drinks und die gute Bedienung.
▶ **Piazza Rondanini 53, Pantheon, Tel. 686 44 85, So geschl.** ◆**E5**

*Ein echter Dauerbrenner in Rom: Le Cornacchie*

## BARS & KNEIPEN

## *Locale*

Wichtiger als Einrichtung, Live-Musik und Cocktails sind hier die Gäste.
Für alle, die gerne **sehen** und **gesehen werden** wollen, die neueste »in«-Adresse Roms: Das »Locale« – selbst der Name ist auf das Wesentliche reduziert – wurde erst im Oktober 1995 eröffnet.
Man kann nicht dran vorbeilaufen, denn die Kneipe liegt strategisch richtig nur wenige Meter vom Freilicht-Szenetreff an der Piazza della Pace entfernt.
▶ **Vicolo del Fico, Tel. 687 90 75, Mo geschl.** ◆D5

## *Vineria Reggio*

Diese Kneipe war einmal eine ganz normale Weinhandlung, wo tagsüber Passanten und Leute aus dem Viertel mit ihren Einkaufstüten am Tresen schnell einen **Prosecco** tranken.
Inzwischen ist das Publikum gewachsen und beansprucht bis in die tiefe Nacht den halben **Campo de' Fiori**, weil die »Vineria« nicht mitgewachsen ist: Ein schmaler Raum, links ein Tresen, rechts Weinregale, davor ein paar Bänke ohne Tische. Die Eroberung der Kneipe durch das **Szene-Völkchen** hat endlich auch wieder echt römisches **Nachtleben** auf den Campo gebracht, der schon sehr zu einer reinen Touristenattraktion verkommen war. Jetzt ist die **Vineria** ein »must« im Bermuda-Dreieck der abendlichen Drinks zwischen Pantheon, Piazza Navona und Campo de' Fiori.
▶ **Campo de' Fiori 15, Tel. 68 80 32 68, So geschl.** ◆E6

## *La Pace*

Seit Jahren die römische »in«-Kneipe, deren Stern offenbar nie untergeht: Abends und nachts drängt sich jugendliches **Szene-Völkchen**, auch im Winter, auf der winzigen Piazza vor der Bar, die nur wenige Schritte vom Touristenrummel auf der Piazza Navona entfernt ist. Das Lokal selbst liegt in einem efeuumrankten **Palazzo** und ist drinnen mit behaglichen **Jugendstilmöbeln** ausgestattet. Wenn es mal regnet und alles sich drinnen drängelt, ist es fast unerträglich eng und

## BARS & KNEIPEN

laut – dann ist das »Pace« nur für echte Kneipenfreaks geeignet. Tagsüber haben Sie mehr Ruhe und sitzen an den Tischchen an der Piazza neben müden Nachtschwärmern, die sich gegen Mittag mit Cappuccino fit machen.

▶ **Via della Pace 3/4/5, Tel. 686 12 16, So geschl.** ◆**D5**

*Auch tagsüber »in«: das Pace an einer kleinen Piazza*

# NIGHTLIFE

▶ *Theater, Oper, Kino*

▶ *Jazz & Latin*

▶ *Discotheken, Clubs & Nachtbars*

## NIGHTLIFE

Gibt es einen schöneren **Konzertsaal** als einen Barockplatz, die Fassade eines Renaissancepalastes und oben drüber den Sternenhimmel? Würden Sie in eine verrauchte Kneipen gehen, wenn Sie im Mond- und Laternenlicht in streichelweicher Sommerluft vor einer efeuumrankten Fassade sitzen könnten? Das römische **Nachtleben** ist verschrien, weil große Stars selten kommen, die Theater nicht an den Ruhm der Mailänder Scala heranreichen und in den Diskotheken nicht jeden Abend Lady Diana tanzt. Zu Unrecht! In Rom müssen Sie umdenken, denn Sie sind im Süden, wo es die Menschen **nachts** auf die Straße zieht. Von Mai bis Oktober gibt es unzählige kleine und große **Festivals** in Stadtteilen, Parks, Ruinen, auf den Plätzen der Innenstadt. Das ganze Jahr über gibt es in vielen Kirchen **Konzerte** internationaler Chöre und Orchester gratis. Stille Winkel und kleine Plätze verwandeln sich in den Sommermonaten in stimmungsvolle Kneipen und Cocktailbars, in brodelnde **Szene-Treffs** unter freiem Himmel. Und in den **Discotheken** ist der Bär los, weil die Römer selbst genug Temperament mitbringen – die brauchen keine berühmten Animateure. Alles, was Sie tun müssen: Studieren Sie ausführlich die aktuellen Veranstaltungskalender, und achten Sie auf Festivals und Stadtteilfeste.

## *Nuovo Sacher*

Das **Kino** hat mit dem berühmten Wiener Hotel nur insofern etwas zu tun, als daß die Torte, die dort gebacken wird, das

---

### INFO

***Was, wann, wo?***
Es gibt in Rom zwei ausführliche Veranstaltungskalender: »Trova Roma«, eine Beilage der Tageszeitung »La Repubblica«, und seit kurzem das Heft »Roma c'è«. Beide Broschüren können Sie jeweils am Donnerstag für Lit 1.500 am Zeitungskiosk kaufen. Beide Hefte informieren über alles, was in Rom passiert: Konzerte, Theater, Opern, Rock und Pop, Kino, Live-Musik, Trendkneipen, Szenetreffs, Eröffnungen, Vernissagen und Ausstellungen.

THEATER. OPER. KINO

Leib- und Magengericht des Kino-Betreibers Nanni Moretti ist. Der römische Regisseur und Schauspieler, 1994 in Cannes für seinen Film »Liebes Tagebuch« ausgezeichnet und seither auch international bekannt, hat mit seinem Kino am Rande von **Trastevere** eine **Hochburg** für niveauvolles Kino geschaffen. Montags werden internationale Filme in **Originalfassung** gezeigt. Im Sommer sind die Vorführungen in der angrenzenden Arena im Freien. Für die Pausen gibt es ein Café und eine kleine Kino-Bücherei im Foyer.
▶ **Largo Ascianghi 1, Tel. 581 81 16.** ◆D8

## *Cineporto della Farnesina*

Im Sommer würde kein Mensch in Rom ins **Kino** gehen, gäbe es nicht die **Freilicht-Arenen**. Im »Cineporto«, der etwas außerhalb vom Zentrum am Piazzale della Farnesina neben dem Olympiastadion liegt, werden allabendlich Filme gezeigt. Es gibt **Bars**, an denen Sie zwischendurch den Durst stillen können. Die Luft ist frischer als im Zentrum, man sitzt unter **riesigen Pinien** und am Fuß des Monte Mario, einer exklusiven Wohngegend Roms. Das Programm entnehmen Sie den Veranstaltungshinweisen der Tageszeitungen. Nehmen Sie die Straßenbahn der Linie 225 von dem Piazzale Flaminio aus, fahren Sie bis zur Endstation an der Piazza Mancini. Von hier können Sie über den Ponte Duca d'Aosta zu Fuß gehen oder in den Bus der Linie 911, 220 oder 232 umsteigen.
▶ **Viale Antonino di San Giuliano.** ◆AU

## *Accademia di Santa Cecilia*

Nur wenige Schritte vom Petersdom liegt das »Auditorio Pio XII.«, allgemein als »Accademia di Santa Cecilia« bekannt. Die Akademie, 1566 von Scarlatti gegründet, hat in diesem **Konzertsaal** ihren Sitz.
Hier ist die große **klassische Musik** zu Hause. Wenn Pavarotti nach Rom kommt, singt er in der Accademia. In der Spielzeit von Oktober bis Juni stehen rund 30 Konzerte auf dem Programm.
Im Sommer zieht das Orchester ins Freie – dann werden die Konzerte im Innenhof des Etruskermuseums »Villa Giulia« (→ S. 50) gegeben. Diese Abende sind die echten **Musik-Highlights** von Rom! Es ist sehr schwer, an

THEATER. OPER. KINO

Karten für die Konzerte der Accademia zu kommen. Beauftragen Sie Ihr Reisebüro zu Hause, Ihnen ein Programm zu besorgen und die Buchung zu erledigen.
▶ **Via della Conciliazione 4, Tel. 68 80 10 44.** ◆C4

## *Teatro Argentina*

Das **Theater** aus dem 18. Jahrhundert ist frisch restauriert und strahlt weiß über den **Largo Argentina**. Abends glitzern die Kronleuchter im verglasten Foyer. Die Bühne bemüht sich um Klassiker und zeitgenössische Stücke, hat aber kein festes Ensemble. Das ist allerdings typisch für italienisches Theater: Die meisten Theaterensembles sind **Wanderbühnen**. Schauspieler und Regisseure werden nur für wenige Aufführungen engagiert und touren dann durchs Land. Die Qualität des Programms im Teatro Argentina ist daher variabel, was nicht heißt, daß manchmal nicht auch Highlights dabei sind. Leider nur für Theaterfans mit Italienischkenntnissen. Karten gibt es ab Lit 25.000.

▶ **Largo Argentina 52, Historisches Zentrum, Tel. 68 80 46 01/2.** ◆E6

*Frisch restauriert*

## *Teatro dell'Opera*

Rom ist zwar immer wieder Kulisse für viele Opern großer Komponisten gewesen, aber die römische Oper ist leider nur Bühne für sehr mittelmäßige Aufführungen.
Auf dem Programm stehen **Opern- und Ballettaufführungen**, die an die Qualität der Mailänder Scala oder an internationale Maßstäbe bei weitem nicht heranreichen. Dafür sind die Preise gesalzen: Für einen Platz im Parkett berappen Sie

mindestens Lit 150.000. Und dann kann es trotzdem passieren, daß aus Opern konzertante Aufführungen werden, wenn wieder einmal die Belegschaft streikt. Dafür ist zumindest das Ambiente im **rotgoldenen Stil** der **Jahrhundertwende** einladend.
Bitten Sie doch, bevor Sie Karten kaufen, den Hotelportier darum, eine aktuelle Auskunft über das Programm und die Qualität einzuholen.
▶ **Via Firenze 72, Hauptbahnhof Termini, Tel. 488 17 55.** ◆**H5**

*Das Teatro dell'Opera*

# Teatro dell'Orologio

Dieses **Theater** gehört zu den vielen privaten Bühnen, die **Experimentelles** und damit das beste Programm bieten, das Sie in Rom sehen können.
Es gibt zwei Mini-Säle und ein Theater-Café, wo **Lesungen** und **Kabarett** stattfinden. Allerdings sollten Sie des Italienischen mächtig sein, damit Sie in den vollen Genuß der Darbietungen kommen.
▶ **Via dei Filippini, Piazza Navona, Tel. 68 30 87 35.** ◆**D5**

# Valle

In diesem **Theater** werden manchmal auch Stücke in der **Originalfassung** – z.B. in deutscher Sprache – aufgeführt. Das Repertoire reicht von der Klassik bis zur Moderne. Besonders schön ist der **klassizistische Bau**, der einen eleganten Rahmen für einen Theaterabend abgibt. Die Bühne liegt nicht weit vom Pantheon entfernt, und Sie können den Theaterbesuch mit einem Bummel durch die Altstadt verbinden.
▶ **Via Teatro Valle 23a, Tel. 68 80 37 94.** ◆**E5**

## JAZZ & LATIN

# *Alexanderplatz*

Das **Kellerlokal** im eleganten Stadtteil **Prati** gibt sich mitteleuropäisch – der Name spricht für sich. Die karierten Tischdecken und schwarz-weißen Fliesen sollen wohl für Berliner Flair sorgen. Durch die blauen Spots steigt Zigarettennebel hoch und lullt die Bands ein, die hier jeden Abend live spielen. Geboten wird **Spitzenmusik** von römischen und internationalen Gruppen. Das »Alexanderplatz« hat ein Restaurant und eine Sushi-Bar, was in Rom noch eine Seltenheit ist.
▶ **Via Ostia 9, Prati, Tel. 39 74 21 71, ab 21 Uhr, So geschl., Lit 12.000.** ◆**B3**

*Musikalische Überraschungen*

---

### INFO

### *La dolce vita*
Ein ausgelassenes Völkchen vergnügungshungriger Römer, Hollywoodstars und reicher Globetrotter machte Ende der 50er Jahre nachts die Glamourmeile Via Veneto unsicher. Liz Taylor und Richard Burton ließen Champagner und Whiskey in Strömen fließen, schöne Frauen entblätterten sich ungehemmt vor Heerscharen von Fotografen. Das war das »dolce vita«, das süße Leben. Filmregisseur Federico Fellini bannte es mit der vollbusigen Anita Ekberg und dem traumhaft schönen Italo-Macho Marcello Mastroianni auf Zelluloid, und für alle Welt war besiegelt, daß Rom ein herrlich sündiges Pflaster war.
Obwohl das längst der Vergangenheit angehört, schlagen die schnieken Portiers in den Luxushotels immer noch leicht die Augen hoch, wenn amerikanische Gruppen – zwar mit vielen Dollars, aber wenig Glamour – ankommen. Das »dolce vita« spielt sich heute in der Altstadt ab und ist nichts als ein sehr amüsantes, südländisch-buntes Nachtleben für alle, die Lust haben mitzumachen.

JAZZ & LATIN

# *Alpheus*

Samba-Disco, Rock-Arena, Blues-Kneipe, Piano-Bar, Solo-Bühne, Kabarett, Experimentier-Studio, Performance-Space und Pizzeria – im »Alpheus« treten am Abend bis zu sechs Gruppen und Solisten **parallel** auf. Man zieht von einem Saal in den nächsten und probiert von allem etwas, zwischendurch einen Drink oder ein eiskaltes Bier an der Bar. Besonders witzig sind die **Salsa-Abende**, zu denen Südamerikaner aus der ganzen Stadt kommen und ihrer Tanzlaune so richtig Luft machen! Das Alpheus liegt etwas abgelegen hinter dem Testaccio-Viertel in der Nähe der **Großmarkthallen** in einem brachliegenden Industriegebiet.
▶ **Via del Commercio 36, Tel. 574 78 26.** ◆AU

*Musik auf mehreren Bühnen*

# *Caffé Latino*

Das »Caffé Latino« ist der Klassiker unter Roms **Musiklokalen** und Zugpferd für die vielen Kneipen, die das **Testaccio-Viertel** zum Szene-Treff Nummer eins gemacht haben (→ S. 83). Es liegt auf mehrere Räume verteilt in einem **Gewölbe** unter dem Testaccio-Hügel. In den verschiedenen Sälen finden manchmal mehrere Veranstaltungen gleichzeitig statt. Rock, Jazz, Soul und Blues, Performances und Video-Shows stehen auf dem allabendlichen **Live-Programm**. Das Publikum ist ziemlich jung, seit der Laden nach den Konzerten zur **Disco** wird.
▶ **Via Monte Testaccio 96, Tel. 574 40 20, Lit 15.000, ab 22.30 Uhr, Mo geschl.** ◆E9

DISCOTHEKEN, CLUBS & NACHTBARS

## *Akab*

In der Szene ist die **Disco** der letzte Schrei und unausweichliche Etappe im Scherbenhügel **Testaccio**. Hier legen die Discjockeys immer die allerneuesten Scheiben aus London und New York auf. Es treten auch Live-Gruppen auf. Zu Black Music und Acid Jazz sind Sie, wie alle anderen auch mit schwarzem **Leder-Outfit** am besten angezogen. Untergebracht ist das »Akab« in einer ehemaligen Werkstatt. Die Preise sind erschwinglich.
▶ **Via di Monte Testaccio 69, Tel. 57 30 03 09, Mo geschl.** ◆E9

## *Aldebaran*

Mythische Drinks, exotische Cocktails und köstliche Absakker! 280 verschiedene **Kreationen** zaubert das Team hinter der Bar im »Aldebaran«. Wenn Sie Liebhaber solcher Bars sind, dürfen Sie den Weg aus der Innenstadt nicht scheuen. Man sitzt in einem **Gewölbe** des **Testaccio-Hügels**, jenseits der Meile mit den Live-Musik-Lokalen. Das milde orangefarbene Licht und die plätschernde Musik lassen manchmal die Zeit und auch die Zahl der Drinks vergessen! Spätnachts sitzen im Publikum viele abgekämpfte Tänzer aus den Discos nebenan.

*Köstliche Cocktails*

▶ **Via Galvani 54, Tel. 574 60 13, So geschl.** ◆E9

## *Alien*

Das »Alien« ist eine »Art-Disco« aus dem Zeitalter der **Performance-Manie**. Schwarz und stumpfer Stahl dominieren das leicht **futuristisch-neutrale Ambiente**. In den weitläufigen Räumen gibt es Séparées für **Vernissagen** und **Kunst-Happenings**, die hier nach wie vor mit Eifer begangen werden. Oft

## DISCOTHEKEN, CLUBS & NACHTBARS

werden Themenabende veranstaltet, die die ideale Bühne für ein buntes Völkchen aus jungen Leuten, Künstlern und Schik- keria sind. Die Discjockeys denken an jeden Musikgeschmack.
▶ **Via Velletri 13, Tel. 841 22 12, Mo geschl. ◆H2**

## Be.Vi.

Sie sitzen in unmittelbarer Nachbarschaft zur Trattoria »Pierluigi« (→ S. 73), wo bis nachts um eins die Teller klappern. Das »Be.Vi.« ist ein eleganter »In«-Treff in **Jugendstileinrichtung** mit Tiffanylampen und Thonetmöbeln. Im Sommer sind die romantische Piazza und die Fresken auf der Außenmauer des Palazzo der Adelsfamilie Ricci Kulisse für ein Glas Spumante.
▶ **Piazza de' Ricci, Historisches Zentrum, Tel. 686 95 83, Mo geschl. ◆D5**

## Jeff Blynn's

Ein Amerikaner in Rom: Jeff Blynn ist ein eleganter junger Mann aus New York, der am Tiber Erfolgslokale mit **kosmopolitischem Flair** eröffnet. Das jüngste, »Jeff Blynn's«, im Nobelstadtteil **Parioli** richtete

---

### INFO

***Salsa und Merengue***
Viele Discotheken veranstalten einen oder mehrere Abende in der Woche, an denen ausschließlich »Salsa« und »Merengue« auf den Plattenteller kommen. Für alle, die überhaupt nichts anderes hören wollen, gibt es südamerikanische Lokale: Das »Yes, Brazil« (Via San Francesco a Ripa 103, Trastevere, Tel. 581 62 67, So geschl.), wo man Cocktails aus der Karibik trinkt und Live-Gruppen spielen. Das »Caffé Caruso« (Club mit Live-Musik und Disco, Via Monte Testaccio, Tel. 574 50 19, Mo geschl.) oder das »Charango Latino« (Via S. Onofrio 28, Trastevere, Tel. 687 99 08, So u. Mo geschl.).

## DISCOTHEKEN, CLUBS & NACHTBARS

er im Stil eines New Yorker Clubs der Jahrhundertwende ein: braun getäfelte Wände und Palmen. Die Kellner tragen lange weiße Schürzen, die Kellnerinnen um so kürzere weiße Minis. **Küche** und **Cocktailbar** zaubern internationale Spezialitäten und Edel-Hamburger bis nachts um 1.30 Uhr. Um diese Zeit schlafen andere römische Köche längst!
▶ **Viale Parioli 103c, Tel. 807 04 44.** ◆AU

# *Gilda*

Roms **High-Society** ist ein Mix aus eleganten Schönheiten, Paradiesvögeln, vollbusigen Stars aus Film und Showbiz und selbstgefälliger Polit-Prominenz, wie sie Fellini nicht besser hätte erfinden können: schrill, aber provinziell-phantasielos, wenn es um **neue Trends** im Nightlife geht. Seit Jahren schon trifft sich die Upper-class daher im »Gilda«. Für die heißen Sommermonate hat der Inhaber das »Gilda on the Beach« im Badevorort **Fregene** (s.u.) erfunden. Wenn Sie einen Abend lang dabeisein wollen, schwingen Sie sich ins kleine Schwarze, denken Sie an die Krawatte, nehmen Sie ein volles Portemonnaie

---

### INFO

*Fregene*
Der Sonnenstrand der römischen Schickeria und für alle, die in der Nebensaison für einen Nachmittag Sonne tanken wollen: Fregene liegt 30 Kilometer vor Rom am Meer in einem alten Pinienhain. Man kann zwar nicht baden, weil der Tiber nur wenige Kilometer südlich den Großstadtdreck ins Meer spült. Wer gesehen und vor allem von den »papparazzi« fotografiert werden will, entblößt sich in einem der Strandbäder. An warmen Sonntagen im März und April öffnen die Restaurants der Strandbäder, wo man zu eisgekühltem Wein frischen Fisch schlemmt. Im Sommer, wenn die Stadt unerträglich heiß ist, zieht das römische Nachtvolk in die Discotheken am Strand um. Nach Fregene fahren Sie mit der U-Bahn Linie A bis zur Haltestelle Lepanto, von dort mit dem blauen Acotral-Bus.

## DISCOTHEKEN, CLUBS & NACHTBARS

und Geduld mit: Bevor Sie den Eintritt von Lit 40.000 berappen dürfen, heißt es vor dem Eingang Schlange stehen.
▶ **Via Mario dei Fiori 97, Tel. 678 48 38, Mo geschl.** ◆**F4**

## *L'Alibi*

»Bist du Mann oder Frau oder ein Zufall? Egal!« ist der neueste Slogan im »L'Alibi«. Das ist »die« römische **Schwulendisco**. Man zeigt sich tolerant, und der Laden ist für jedermann genauso offen wie für jedefrau. »Meno male«, Gott sei Dank, denn das L'Alibi ist eine echte **Bereicherung** und **Fixstern** am römischen Disco-Himmel. Apropos: Den Sternenhimmel über der ewigen Stadt dürfen Sie hier auch genießen. Das Lokal geht über drei Etagen und hat eine Dachterrasse.
▶ **Via Monte Testaccio 44, Tel. 574 34 48.** ◆**E9**

## *Piper*

Wenn Sie ein echter Disco-Fan sind, müssen Sie das »Piper« einmal erlebt haben. Der Laden ist seit 30 (!) Jahren ein **Klassiker** römischer Nächte. Absolute Ausnahme in der Stadt, wo die Lokale sonst alle sechs Monate

---

### ERHOLUNGSTIP

**Heiße Hörnchen**
Auch wenn Sie die süßen »cornetti«, Hörnchen, zum Frühstück nicht mögen: Nach einer langen Disco-Nacht hat jeder um 3 oder 4 Uhr morgens Hunger.
Ein paar Adressen für alle Fälle: »Quelli della Notte«, Via Leone IV 48 (Prati): Cappuccino, O-Saft und warme Dolci bis 7 Uhr.
»Dolce Vita«, Corso Vittorio Emanuele 259 (Innenstadt): Cornetti mit Nutella ab 3 Uhr. »Aquila«, Viale Trastevere 280 (Trastevere): Cornetti und Zigaretten. Für den »salzigen« Hunger: Die Pizzeria »Ico«, Viale Trastevere 69, (Trastevere) serviert immerhin bis 3 Uhr Pizza, Baccalà und Supplì.

## DISCOTHEKEN, CLUBS & NACHTBARS

schließen und das Disco-Volk einem Nomadenstamm gleicht. Nachmittags kann man hier einem typisch italienischen **Spektakel** beiwohnen: Dann quillt die Gästeschar bis auf die Straße, alle trinken Coca-Cola oder Mineralwasser und kommen mit dem Bus. Das Piper ist ab 16 Uhr für Teenies auf, die um acht wieder bei Mamma sein müssen. Abends läßt sich viel **Schickeria** blicken. Jeden Donnerstag ist Salsa-Abend. Auf der großen Tanzfläche tanzt man um einen **Springbrunnen** herum.
▶ **Via Tagliamento 9, Trieste, Tel. 854 85 66, Mo geschl.**
◆11

# *Radiolondra*

Zwischen roten Ziegeln, mattem Chromgestänge und schummrigen Funzeln hat der Laden die Atmosphäre eines **amerikanischen Jazzkellers** der 50er Jahre, ist aber »die« römische Disco der 90er. Junge Römerinnen tanzen auf dem Tresen. Getränke sind sowieso Nebensache. »Radiolondra« ist berühmt für erstklassige **Black Music** und **Hardrock**, und da heißt es vor allem tanzen, was das Zeug hält. Zur Stärkung zwischendurch gibt's eine Bar, ein Bistro. Ein »must« für Disco-Freunde im Testaccio-Hügel.
▶ **Via di Monte Testaccio 65, Tel. 575 00 44, Di geschl.**
◆E9

---

### INFO

*Musik-Clubs*
Viele römische Musiklokale, Discos und Jazzkeller sind Clubs. Am Eingang müssen Sie den Mitgliedsbeitrag für ein Jahr berappen, der allerdings nicht höher als der normale Eintrittspreis für jede Disco ist, und Sie bekommen einen Ausweis. Das Ganze hat nur einen Grund: Für ein Lokal braucht man auch in Rom eine Lizenz, und die zu bekommen kann hier Jahre dauern – wer will darauf schon warten.
Nur als privater Verein kann man diese Regelung umgehen. Die Eintrittspreise für Discos sind gesalzen: zwischen Lit 30.000 und 40.000. Die Musiklokale nehmen für einen Abend zwischen Lit 10.000 und 25.000.

# GUTE NACHT

- *Grandhotels*
- *Erlesene Hotels*
- *Kuriose Herbergen*
- *Noch mehr Hotels*

GUTE NACHT

Wohnen in einem römischen Hotel kann ein wunderschönes **Erlebnis** oder ein **Alptraum** sein. Verlassen Sie sich nie auf Freunde, die Ihnen ein Hotel ans Herz legen, weil sie dort vor vielen Jahren einmal so zauberhaft gewohnt haben. Das kann heute längst ganz anders sein. Der Aufenthalt in Rom ist vor allem ein **teurer** Spaß: Selbst Pensionen, die kein Frühstück bieten und wo die Dusche auf dem Flur ist, kosten schon mehr als DM 100, wenn Sie ein Minimum an Ruhe und Sauberkeit garantieren sollen. Schauen Sie über die Mängel hinweg, und genießen Sie statt dessen den **Charme** der Terrassen und Innenhöfe – Sie sind schließlich in Rom! Die folgenden Adressen sind in drei Kategorien aufgeteilt: untere (bis Lit 180.000), mittlere (bis Lit 350.000) und obere Preiskategorie (ab Lit 350.000) für ein Doppelzimmer. Hochsaison ist das ganze Jahr über. Fragen Sie in den teureren Hotels nach Weekend-Paketen. Im Kapitel »Noch mehr Hotels« finden Sie Adressen preisgünstiger Hotels (ab Lit 90.000).

# *Hotel Excelsior*

Die Wände der Suites haben Liz Taylor und Richard Burton zanken und Schah Reza Pahlevi von goldenen Tellern essen sehen – das »Excelsior« ist Ausdruck des Dolce vita von einst, wie außer ihm nur die Via Veneto, an der es liegt. Die Kennedys, Onassis, König Faruk, Liza Minelli, die Rolling Stones und Sean Connery stiegen im Excelsior ab, und am Portal des **Zuckerbäckerpalastes** erfanden junge Römer, mit Fotoapparaten und Blitzlicht bewaffnet, einen neuen Beruf: den Papparazzo.
Noch heute kommen Prinzen und Hollywoodstars in das berühmte Hotel. Nachmittags plauschen reiche Römer beim Tee über ihre Millionen.
Das Ambiente ist angemessen: Marmor, goldverzierter Stuck und antike Bronzebüsten rahmen die **Empireeinrichtung** ein.
▶ **Via Vittorio Veneto 125, Tel. 474 58 20, obere Kat.**
◆**G4**

*Von goldenen Tellern essen ...*

## GRANDHOTELS

# *Hotel Hassler*

Über den Dächern und Kuppeln von Rom thront das »Hassler« oberhalb der Spanischen Treppe und der eleganten Einkaufsstraßen zu ihren Füßen. Wer hier einkehrt, genießt einen **atemberaubenden Ausblick** auf die Ewige Stadt. Unbedingt müssen Sie daher einen Abend für ein Dinner im **Roof-Restaurant** freihalten! Anders als in den meisten römischen Luxushotels ist die Einrichtung der Zimmer von elegantem **Understatement** bestimmt. Das ist Ausdruck der Schweizer Familie, in deren Besitz das Hassler seit fast 100 Jahren ist, und macht das Hotel vor allem bei deutschen Gästen und Spitzenpolitikern besonders beliebt.
▶ **Via Trinità dei Monti 6, Tel. 678 26 51, obere Kat. ◆F3**

# *Le Grand Hotel*

Das »Grand Hotel« wurde 1894 von Cesare Ritz, dem Meister europäischer Hoteliers, eingeweiht und sorgte gleich für eine Sensation:
Zum ersten Mal durften die Römer ein Hotel bewundern, das von elektrischem Licht angestrahlt wurde. So schlicht die **Gründerzeit-Fassade** des »Grand Hotel« wirkt, so **barock** ist das **Innere**: Marmorsäulen, Kronleuchter, vergoldete Rokoko- und Empiremöbel und Brokatvorhänge schaffen **luxuriöse Atmosphäre**.
▶ **Via V.E.Orlando 3, Tel. 47 09, obere Kat. ◆II4**

*Außen schlicht, innen barock*

GUTE NACHT

ERLESENE HOTELS

# *Albergo del Sole al Pantheon*

Das »Sole« gehört zu den ältesten Hotels der Welt, es wird schon in Urkunden aus dem Jahr 1467 erwähnt. Durch die Jahrhunderte diente es Kaisern und Künstlern als Unterkunft. Davon zeugt eine Suite, die den Namen des Habsburgers Friedrich III. trägt. Sartre und Simone de Beauvoir genossen gemeinsame Stunden in der **noblen Herberge**. Auch heute ist das Hotel keine Unterkunft für jedermann, das verraten schon die Preise. Die Zimmer sind mit wertvollen **Antiquitäten** eingerichtet, **Ölgemälde** und **Gobelins** schmücken die Wände, von den Decken leuchten frisch restaurierte **Fresken** aus dem 17. Jahrhundert. Die Bäder sind mit Whirlpool-Wannen ausgestattet – die einfachste Art, müde Touristenbeine wieder fit zu bekommen.

*Eine noble Herberge*

▶ **Piazza della Rotonda 63, Tel. 678 04 41, obere Kat.** ◆**E5**

# *Atlante Star*

Das Hotel »Atlante Star« ist genau das richtige für **moderne Pilger** mit hohen Ansprüchen: Das Hotel liegt in der Nähe von Papst und Petersdom am Rand des vornehmen Stadtteils Prati. Sie haben es ein bißchen weiter ins Stadtzentrum. Dafür liegt der alte Borgo Pio (→ S. 16) direkt vor der Haustür, wo Sie abends gemütliche Restaurants und Kneipen finden. Das Hotel ist modern und komfortabel, und nach bester römischer Tradition wird auch auf dem **Dach** und mit **Aussicht** gespeist.
Sonderservice ist ein kostenloser **Transport** vom und zum Flughafen, der normalerweise ja mindestens ein kleines Vermögen kostet.

▶ **Via Vitelleschi 34, Tel. 687 32 33, obere Kat.** ◆**C4**

## *Hotel d'Inghilterra*

Wie der Name schon sagt, ist im »Inghilterra« alles »very british«: Vom **Fußboden** in schwarzweißem Marmor in der Halle bis zur gemusterten Stofftapete und Antiquitäten in den **Zimmern**, die allerdings ganz ohne britisches Understatement mit jedem Komfort bis zum Satelliten-TV ausgestattet sind. **Halle** und **Bar** sind mit wertvollen Ölbildern und Stichen geschmückt, die die hoteleigene Sammlung bilden.
In der Schlacht um die Liste der berühmtesten Gäste kann das Inghilterra Weltstars der schreibenden Zunft wie Mark Twain und Hemingway für sich verbuchen. Letzterer liebte die Hotel-Bar besonders, die in reinstem **Kolonialstil** gehalten ist, und wo sich nachmittags Römer zum Aperitif treffen.
Gerne steigen auch heute noch europäische Adelige ab – das Hotel war einst Gästehaus der Fürsten Torlonia.
▶ **Via Bocca di Leone 14, Tel. 699 81, obere Kat.** ◆F4

## *Hotel Portoghesi*

Im »Portoghesi« sind Sie im Herzen der **Altstadt** untergebracht: In fünf Minuten erreichen Sie die Spanische Treppe, die Piazza Navona oder das Pantheon. Die Zimmer sind mit hübschen **Antiquitäten** eingerichtet. Das Frühstück wird im Sommer auf der **Dachterrasse** serviert. Ein Herren-Tip: Lassen Sie sich morgens beim **Barbiere** direkt gegenüber rasieren. Und stöbern Sie in den vielen kleinen Geschäften in der Nachbarschaft, wo Römer tolle Antiquitäten, Schuhe, Taschen und Mode einkaufen.
▶ **Via dei Portoghesi 1, Tel. 686 42 31, mittlere Kat.** ◆E4

## *Hotel Raphael*

Einst hielt hinter der efeuumrankten Fassade des »Raphael« Italiens Sozialistenchef Bettino Craxi Hof. Ein Glück für die Gäste, daß er sich auf seine alten Tage nach Tunesien zurückgezogen hat – endlich ist die **romantische Herberge** von Leibwächtertrupps und politischer Gefolgschaft des einstigen Potentaten befreit. Das Raphael wurde restauriert und präsentiert sich jetzt mit Zimmern, die von **veneziani-**

ERLESENE HOTELS

*Eine romantische Herberge*

schen **Malern** ausgestaltet wurden, einem Fitneßstudio und einem neuem Restaurant. Geblieben ist die Kunstsammlung des Hauses mit Keramik von Picasso und antike Skulpturen. Von der Dachterrasse schauen Sie auf ganz Rom.
▶ **Largo Febo 2, Tel. 68 28 31, obere Preiskat. ◆E5**

## *Hotel Sant'Anselmo*

Suchen Sie ein Plätzchen im **Grünen**? Wer den römischen Innenstadttrubel alles andere als südländisch-witzig findet, ist hier richtig aufgehoben. Das Hotel liegt in einer **Jugendstilvilla** auf dem **Aventin-Hügel** (→ S. 38). Hier werden Sie morgens von Vogelgezwitscher geweckt, können auf der Terrasse in der Sonne unter Orangenbäumen frühstücken oder sich nachmittags im Schatten einer Palme im Hotelgarten vom Sightseeing erholen. Die Einrichtung ist recht **barockverschnörkelt**, der Service ist familiär und sehr freundlich. Es gibt keine Klimaanlage, aber hier können Sie bedenkenlos bei offenem Fenster in aller

*Mit schöner Terrasse*

Ruhe schlafen. Hier sind Sie allerdings auf Taxi und Busse angewiesen.
▶ **Piazza S. Anselmo 2, Tel. 57451 74, mittlere Kat. ◆F8**

## *Hotel Scalinata di Spagna*

Klein, aber fein: Das »Scalinata di Spagna« duckt sich gegenüber des riesigen Grandhotel Hassler und ist nur zwei Schritte von der Spanischen Treppe entfernt, die ihm seinen Namen gab. Das Hotel ist ein **Famili-**

## ERLESENE HOTELS

enbetrieb, und schon bei der Ankunft fühlen Sie sich wie in einer **Privatwohnung**. Hinter der Holztür führt eine knarrende Treppe hinauf zu den Zimmern, die mit hübschen Antiquitäten **individuell** eingerichtet sind.
Ihr Frühstück können Sie auf der Dachterrasse einnehmen. wo Sie denselben **atemberaubenden Blick** auf die Stadt genießen wie die Gäste des noblen Hotels Hassler. Die 15 Zimmer sind ständig ausgebucht. Sie müssen mindestens zwei Monate vorher reservieren.
▶ Piazza Trinità dei Monti 17, Tel. 69 94 08 96, mittlere Kat. ◆E3

## *Hotel Teatro di Pompeo*

Warum die Palazzi hier, wo das Hotel liegt, im **Halbkreis** gebaut sind? Sie stehen auf den Ruinen des 2.000 Jahre alten **Pompejus-Theaters**. Wie überall in Rom wurden die soliden Überreste als Fundament für spätere Bauten genutzt. Im Frühstücksraum sitzen Sie zwischen den antiken Gemäuern des einstigen Theaters, wo übrigens auch Caesar ermordet wurde. Wenn Ihnen das zu gruselig ist – am malerischen **Campo de' Fiori** (→ S. 57), gleich hinter dem Hotel können Sie deutsche Zeitungen kaufen und den Tag mit einem Cappuccino in der Morgensonne an der Piazza beginnen, auf der buntes Markttreiben herrscht. Die **Hotelzimmer** sind mit Terracotta-Fußboden, weißgetünchten Wänden und Holzmöbeln eingerichtet. Besonders gemütlich ist es in der **Mansarde**, wo die Gäste unter den typischen Kassettendecken aus Holz wohnen. Seele des »Teatro di Pompeo« ist der Portier Luigi, der gerne und geduldig Insider-Tips erteilt.
▶ Largo di Pallaro 8, Tel. 687 28 12, mittlere Kat. ◆E6

*Wo Caesar ermordet wurde*

GUTE NACHT!

## Art Deco

Eine Oase für Fans strenger Linien im barock-pompösen Rom: Von der Rezeption bis zum Telefon im Zimmer hat sich dieses Hotel, das in einem **Jugendstilpalast** in der Nähe des Hauptbahnhofs liegt, ganz den **20er Jahren** verschrieben. Die Zimmer sind mit Originalmöbeln eingerichtet. Sie schlafen in Baldachin- und Gondelbetten, und in den Bädern sind selbst Kacheln und Wasserhähne stilgetreu gestylt. Ein Zugeständnis an die 90er Jahre sind Whirlpool-Wannen und Saunaduschen. Anders als in vielen

*Im Stil der 20er Jahre*

römischen Hotels dieser Kategorie gibt es ein Restaurant mit internationaler Speisekarte.
▶ **Via Palestro 19, Tel. 445 75 88, mittlere Kat.** ◆13

## Hotel Gregoriana

Sind Sie frisch verliebt oder ein Morgenmuffel und hassen darum nichts mehr als Frühstückssäle? Im Gregoriana wird Ihnen das **Frühstück ans Bett** gerollt. Es werden gereicht: Kaffee, Orangensaft, Hörnchen und

---

### INFO

**Kloster statt Hotel?**
Sich von Nonnen beherbergen zu lassen, ist die billigste Art, in Rom zu wohnen. Die Ordenshäuser sind aber meist nicht ganz zentral gelegen, und Sperrstunde ist oft schon um 22 Uhr! Dafür ist es hier sehr sauber, und in der Nacht wird hier garantiert niemand gestört. Einige Adressen: Ordine Teutonico, Via Nomentana 421, Tel. 838 01 73; Deutsche Diakonissen, Via Alessandro Farnese 18, Tel. 321 18 43; Domus Mariae, Via Aurelia 481, Tel. 663 88 23.

## KURIOSE HERBERGEN

Schwarzbrot, Käse und Frühstücksei, damit der Tag auch für Nordeuropäer gut beginnt. Abgesehen vom Portier müssen Sie in diesem kleinen Hotel, in dem »Privacy« großgeschrieben wird, niemanden treffen, bis Sie auf der Straße sind: Bar, Halle und Restaurant gibt es nicht, weil das Hotel ausschließlich für Menschen wie Sie konzipiert ist: solche, die ihre **Ruhe** haben wollen. Die meisten der 20 Zimmer liegen an einem **idyllischen Innenhof,** von den oberen Stockwerken haben Sie einen Blick über die Altstadt.
▶ **Via Gregoriana 18, Tel. 679 42 69, mittlere Kat.** ◆F4

*Versteckt und ruhig gelegen*

# Hotel Locarno

**Fahrrad fahren** ist in Rom, trotz Höllenverkehr und fehlender Fahrradwege, groß in Mode. Damit auch die Gäste des »Locarno« nicht per pedes durch die Innenstadt pilgern müssen,

GUTE NACHT

---

### INFO

*Schmöker-Tips*
Rom als literarischer Schauplatz – solcher Stoff wird erst vor Ort so richtig interessant. Wenn Sie auf der Suche nach einer Auswahl für den Nachttisch sind: An Goethes »Italienischer Reise« kommen Sie fast nicht vorbei. Spannend sind auch die als Memoiren gestalteten Biographien »Ich, Claudius, Kaiser und Gott« von Robert von Ranke-Graves sowie »Als ich die Wölfin zähmte«, die Marguerite Yourcenar im nachhinein für den kunstbeflissenen Kaiser Hadrian verfaßte.

stellt dieses Hotel kostenlos Fahrräder zur Verfügung. Aber passen Sie auf: Anders als in Deutschland, haben in Italien Fahrradfahrer weder Vorfahrt noch Rechte, verlassen Sie sich nicht auf die Autofahrer! Zweifellos gehören die Fahrräder des Locarno aber nicht nur zum Service, sondern auch zum originellen **Libertystil** der **Jahrhundertwende**, in dem das Hotel eingerichtet ist. Die Zimmer sind mit Klimaanlage ausgestattet, damit Sie trotz der Lage an der belebten Piazza del Popolo ruhig schlafen können. Im Sommer wird das Frühstück in einem kleinen Garten serviert.
▶ **Via della Penna 22, Tel. 361 08 41, mittlere Kat.** ◆**E3**

## *Hotelpension Suisse*

Die Dielen knarren wie früher bei Oma zu Hause, und der Kaffeeduft aus der Küche zieht vorüber, wenn Sie in die **Pension** oberhalb der **Spanischen Treppe** eintreten. Gegenüber der Eingangstür sitzt eine alte Dame. Das ist **Jole Vallauri**, die über 90 Jahre alt ist und ihre kleine Pension immer noch selbst leitet. Die Einrichtung der 13 Zimmer dürfte aus der Jugend der Signora stammen, aber alles ist piksauber. Weil die Pension zu klein für einen Speisesaal ist, wird das **Frühstück am Bett** serviert. Signora Jole hat eine große Fangemeinde, darum sollten Sie sie drei Monate im voraus anrufen.
▶ **Via Gregoriana 54, Tel. 678 36 49, untere Kat.** ◆**F4**

### INFO

***Wie man sich bettet ...***
Bei der Buchung müssen vor allem Paare aufpassen: In der »camera doppia« (Doppelzimmer) stehen oft zwei getrennte Einzelbetten. Um die Nächte im gemeinsamen Bett zu verbringen, müssen Sie ausdrücklich eine »camera doppia matrimoniale« (mit Ehebett) bestellen. Außerdem gewöhnungsbedürftig: In Italien gibt es keine Daunendecken. Als Decke dient ein Laken mit einer Wolldecke darüber, die an den Seiten und am Fußende unter die Matratze geschlagen werden. Im »matrimoniale« schlafen Sie gemeinsam unter einer großen Decke.

NOCH MEHR HOTELS

# *Preiswerte Zimmer*

▶ Abruzzi, Piazza della Rotonda 69, Tel. 679 20 21, Lit 100.000. Pantheon. Alle Zimmer sind ohne Bad und nur für Nachtschwärmer, die schlafen, wenn das turbulente Leben auf der Piazza unter ihrem Fenster schon vorbei ist.
▶ Campo de' Fiori, Via del Biscione 6, Tel. 68 80 68 65, Lit 100.000. Mini-Hotel mit Dachterrasse über dem Campo de' Fiori. Die Zimmer sind eng, aber sauber und haben nur teilweise ein eigenes Bad. Kein Fahrstuhl. Dafür ist ein Frühstück im Preis inbegriffen.
▶ Forte, Via Margutta 61, Tel. 320 76 25, Lit 150.000. Noch vor ein paar Jahren wären Sie Italiens Kino-Genie Fellini über den Weg gelaufen, der nebenan wohnte. Die Via Margutta ist Roms malerische Künstlerstraße im Schatten der Spanischen Treppe. Sauber und sehr ruhig.
▶ Casa Kolbe, Via San Teodoro 44, Tel. 679 49 74, Lit 96.000. Das Gegenteil der engen Altstadthotels: Die Zimmer sind riesengroß, da das Hotel in einem ehemaligen Franziskanerkloster am Rande des Forum Romanum untergebracht ist. Im Hof ist ein großer Palmengarten.
▶ Merano, Via Vittorio Veneto 155, Tel. 482 18 08, Lit 138.000. Noble Nachbarschaft: Das »Excelsior« liegt gleich nebenan, die Via Veneto zu Ihren Füßen. Im Preis für diese kleine, feine Pension ist sogar ein Frühstück enthalten.
▶ Navona, Via dei Sediari 8, Tel. 686 42 03, Lit 115.000. Wenn Sie die Piazza Navona während Ihres Rom-Aufenthalts wie die Römer zu Ihrem »Salotto« (Wohnzimmer) erklären wollen, buchen Sie in dieser Pension. Die Zimmer haben ein eigenes Bad, und Sie bekommen ein Frühstück.
▶ Piccolo, Via dei Chiavari 32, Tel. 68 80 25 60, Lit 90.000. »Piccole« (klein) sind die Zimmer, aber dafür ruhig und nahe dem Campo de' Fiori. Signora Anna, die Inhaberin, ist sehr freundlich und hilfsbereit und braut Ihnen morgens an ihrer Bar einen duftenden Kaffee.
▶ Smeraldo, Vicolo dei Chiodaroli 9, Tel. 687 59 29, Lit 135.000. Der Eingang verspricht etwas mehr, als die Zimmer halten. Aber im Preis sind ein Frühstück, Klimaanlage und Fernsehen enthalten, und das Hotel liegt zwischen Campo de' Fiori und Ghetto.
▶ Albergo del Sole, Via del Biscione 76, Tel. 68 80 68 73, Lit 130.000. Dieses Hotel ist so beliebt, daß selbst Gäste wie Francis Ford Coppola auf manchen Luxus verzichten. Das Ganze nur zwei Schritte vom Campo de' Fiori entfernt und mit einem zauberhaften Innenhof und Terrassen in jedem Stockwerk.

NOCH MEHR HOTELS

# Internationale Hotelketten

▶ **Cavalieri Hilton**
Via A. Cadlolo 101
00136 Roma
Tel. 0039-6-350 91
Fax 0039-6-35 09 22 41

▶ **Holiday Inn Crowne Plaza Minerva**
Piazza della Minerva 69
00186 Roma
Tel. 0039-6-69 94 18 88
Fax 0039-6-67 94 76

▶ **Holiday Inn Parco dei Medici**
Viale Castello della Magliana 65
00148 Roma
Tel. 0039-6-655 81
Fax 0039-6-655 70 05

▶ **Hotel de la Ville Intercontinental**
Via Sistina 67-71
00187 Roma
Tel. 0039-6-673 31
Fax 0039-6-678 42 13

▶ **Ambasciatori Palace Hotel (Maritim)**
Largo B. Marcello 220
00198 Roma
Tel. 0039-6-854 21 41
Fax 0039-6-85 35 00 37

▶ **Grand Hotel Beverly Hills (Maritim)**
Via Veneto 62
00187 Roma
Tel. 0039-6-474 93
Fax 0039-6-474 36 01

▶ **Hotel Universo (Best Western)**
Via Principe Amadeo 5
00185 Roma
Tel. 0039-6-47 68 11
Fax 0039-6-474 51 25

▶ **Romantik Hotel Barocco**
Piazza Barberini 9
00187 Roma
Tel. 0039-6-87 20 01
Fax 0039-6-48 59 94

▶ **Quality Inn Traiano (Choice Hotels)**
Via IV Novembre 154
00187 Roma
Tel. 0039-6-679 23 58
Fax 0039-6-678 36 74

▶ **Excelsior (Ciga Hotels)**
Via Vittorio Veneto, 125
00187 Roma
Tel. 0039-6-47 08
Fax 0039-6-482 62 05

▶ **Claridge Hotel (TOP Hotels International)**
Viale Liegi 62
00198 Roma
Tel. 0039-6-841 92 12
Fax 0038-6-855 51 71

▶ **Sheraton Golf**
Viale Parco de' Medici 22
00148 Roma
Tel. 0039-6-52 24 08
Fax 0039-6-52 24 07 42

# TIPS & ADRESSEN

## AN- & ABREISE

**Mit dem Flugzeug:**
▶ *Aeroporto Leonardo da Vinci, Fiumicino, Tel. 65 95-36 40 oder 65 95-44 55.* Mit dem Taxi dauert die Fahrt in die Innenstadt je nach Verkehrsdichte bis zu einer Stunde und kostet insgesamt rund Lit 70.000. Zum Fahrpreis, den Sie auf dem Taxameter ablesen, kommt ein Aufschlag für die Anfahrt zum Flughafen (Lit 10.000) und für die Rückfahrt in die Stadt (Lit 14.000) sowie für jedes Gepäcksstück (Lit 1.000). Nehmen Sie ausschließlich die gelben Taxen (die neueren sind weiß mit einem gelben Streifen auf der Seite), die auf der Straße vor der Ankunftshalle warten, und lassen Sie sich auf gar keinen Fall von »falschen« Taxifahrern anwerben, die die Kundschaft schon am Ausgang der Gepäckausgabe belästigen! Hier zahlen Sie mindestens Lit 40.000 mehr. Die preiswerteste Lösung ist der Flughafenzug, mit dem die Fahrt zum Hauptbahnhof »Stazione Termini« nur Lit 12.000 kostet und 30 Minuten dauert.
Links neben dem Ausgang der Gepäckausgabe in der Ankunftshalle befindet sich eine Rolltreppe, die zum Terminal im 1. Stock führt. Vor den Gleisen sind Fahrkarten-Automaten. Die Züge fahren von 6.55-22.55 Uhr halbstündlich in den Hauptverkehrszeiten, sonst stündlich. Außerdem fährt alle 30 Minuten ein Zug zum Bahnhof »Tiburtina«, der auch in Trastevere und Ostiense hält.

▶ *Aeroporto Ciampino, Tel. 79 49 41 oder 79 49 21.* Hier landen die Charterflüge aus dem Ausland, und für den Transport ins Hotel ist daher meistens schon vom Reiseveranstalter vorgesorgt.
Wenn Sie ein Taxi nehmen: Achten Sie darauf, daß keine Aufschläge verlangt werden, denn Ciampino liegt innerhalb der römischen Stadtgrenze. Sonst können Sie den blauen »Acotral«-Bus nehmen, der vor dem Ausgang hält, und bis zur Endstation »Anagnina« der Metro Linie A fahren, die Sie bis ins Herz der Innenstadt bringt. Fahrkarten für den Bus bekommen Sie am Zeitungskiosk im Flughafen.

**Mit dem Zug:**
Fast alle internationalen Züge kommen am Hauptbahnhof »Stazione Termini« an, einige am Bahnhof »Tiburtina«, der etwas außerhalb liegt. Von beiden Bahnhöfen aus können Sie mit dem Bus, der U-Bahn oder dem Taxi ins Hotel weiterfahren.
Erkundigen Sie sich vor der Abreise nach dem Ankunftsbahnhof. Fahrplanauskunft: Tel. 47 75. Für Platzreservierungen, Umbuchungen und Fahrkarten sollten Sie das *Deutsche Reisebüro »DER«, Piazza Esquilino 29, Tel. 482 75 31* ansteuern. Hier spricht

## TIPS & ADRESSEN

man deutsch, und Sie sparen sich die langen Schlangen an den Bahnhofsschaltern.

**Mit dem Auto:**
▶ Wenn Sie von Norden über die Autostrada del Sole nach Rom kommen: Fahren Sie bis zum »Raccordo Anulare«, biegen Sie nach rechts in Richtung »Fiumicino« ab, und nehmen Sie die erste Ausfahrt nach der Abbiegung in Richtung »Parioli, Centro« (mit einem schwarzen Kreis gekennzeichnet). Auf der »Salaria« fahren Sie immer geradeaus, bis Sie ins Stadtzentrum kommen. Hier müssen Sie sich den Weg per Stadtplan suchen: Das ist wegen der vielen Einbahnstraßen sehr kompliziert. Lassen Sie Ihren Wagen nach der Ankunft in der Hotelgarage, das ist sicherer und besser fürs Nervenkostüm. Der Verkehr in Rom ist chaotisch, und im Zentrum finden Sie nie einen Parkplatz. Deutsche Autos stehen außerdem bei Diebesbanden hoch im Kurs.
▶ Tankstellen: bleiben über Mittag und am Sonntag geschlossen. Halten Sie für Tankautomaten Lit 10.000-Scheine bereit.
▶ Parkhaus: Tiefgarage »Villa Borghese«, Einfahrt an der Via del Muro Torto. Durch einen Fußgängertunnel erreichen Sie die Spanische Treppe in fünf Minuten.
▶ Pannendienst: Der Automobilclub Italia (ACI) hat die Notdienst-Nummer 116 und ist Vertreter der deutschen Automobilclubs in Italien. Zentral gelegene *ACI-Büros sind in der Via Magenta 5, Tel. 446 99 56 und Via Marsala 14, Tel. 494 06 40 (Nähe Hauptbahnhof Termini).*

## AUSKUNFT

**Vor der Reise:**
▶ *Staatliches Italienisches Fremdenverkehrsamt (Enit): Berliner Allee 26, 40121 Düsseldorf, Tel. 0211-13 22 31-32; Kärntnerring 4, A-1010 Wien, Tel. 01-505 16 39; Uraniastr. 32, CH-8001 Zürich, Tel. 01-211 36 33*
**In Rom:**
▶ Beim *Fremdenverkehrsverband »EPT« (Ente Provinciale di Turismo), Tel. 48 89 91,* bekommen Sie Hotelverzeichnis, Stadtplan, aktuelle Öffnungszeiten der Museen, Spielpläne für Oper, Theater und Konzerte sowie Veranstaltungskalender. Das EPT hilft allerdings nicht bei der Zimmervermittlung.
Auskunftsbüros:
▶ *Hauptbahnhof »Stazione Termini« vor Gleis 3, Tel. 487 12 70 oder 482 40 78,* Mo-So 8.15-19.15 Uhr
▶ *Internationaler Flughafen »Leonardo Da Vinci« in der Ankunftshalle, Tel. 65 95 44 71 oder 65 95 60 74,* Mo-So 8.15-19.15 Uhr
▶ *Via Parigi 5 (nahe Termini), Tel. 48 89 92 53 oder 48 89 92 55,* Mo-Sa 8.15-19.15 Uhr

# TIPS & ADRESSEN

## BANKEN

▶ Geöffnet von Mo-Fr 8.30-13.30 Uhr und nachmittags eine Stunde, je nach Bank zu verschiedenen Zeiten.
▶ Traveller- und Eurocheques: In vielen Banken kann man sie nur vormittags eintauschen. Sie brauchen in jedem Fall einen Reisepaß und müssen je nach Bankhaus eine Gebühr von bis zu Lit 3.000 (für Eurocheques) zahlen. Außerdem kennt nicht jeder Schalterbeamte Eurocheques. Machen Sie sich auf lange Schlangen und eine umständliche Prozedur gefaßt. Schneller und billiger: Heben Sie Bargeld mit der EC-Karte oder der Kreditkarte am Geldautomaten ab.
▶ Wechselstuben: *American Express*, *Piazza di Spagna 38*, *Tel. 676 41*, Mo-Fr 9-18 Uhr, Sa 9-12.30 Uhr.
Weitere freie Wechselstuben, die »Uffici Cambio«, finden Sie überall in der Stadt, sie haben aber schlechte Kurse und nehmen hohe Gebühren.

## GELD

▶ Währung: Lire (Lit). Lit 1.000 entsprechen etwa 95 Pfennig (Stand November 95). Gängig sind 50-, 100-, 200- und 500-Lire-Stücke sowie 1.000-, 2.000-, 5.000-, 10.000-, 50.000- und 100.000-Lire-Scheine.

▶ Lassen Sie sich immer kleine Scheine geben. Oft stöhnen zum Beispiel Taxifahrer schon, wenn Sie einen 50.000-Lire-Schein wechseln sollen.
Bargeld brauchen Sie für Taxen, in der Pizzeria und in Traditionslokalen, in kleinen Läden und natürlich fürs Sightseeing.
In den meisten Hotels, Restaurants und Innenstadt-Geschäften werden Kreditkarten akzeptiert, allerdings häufig keine Eurocheques.

## DIEBSTAHL

Italienische Taschendiebe, die »scippatori«, sind raffinierter als ihre internationalen Kollegen. Ihnen gelingt es sogar, ein Portemonnaie aus der Gesäßtasche unter dem Mantel herauszuzwirbeln!
Bewahren Sie Geld, Kreditkarten und Schecks nur in Gürteltaschen oder im guten alten Brustbeutel auf, wenn Sie auf Sightseeing-Tour gehen. Scippatori lauern Ihnen vor allem dort auf, wo die meisten Touristen sind: am Forum Romanum, dem Kapitol und rund um den Petersdom. Wenn Sie mit dem eigenen Wagen kommen, buchen Sie einen Garagenplatz im Hotel mit. Erstatten Sie bei Diebstahl auf einer Wache (»commissariato«) der Polizei oder Carabinieri Anzeige, sonst zahlt die Versicherung nicht.

# TIPS & ADRESSEN

## DIPLOMATISCHE VERTRETUNGEN

▶ *Generalkonsulat der Bundesrepublik Deutschland, Via Siacci 2c, Tel. 88 47 41*
▶ *Generalkonsulat der Republik Österreich, Via Pergolesi 3, Tel. 855 82 41*
▶ *Generalkonsulat der Schweiz, Via Barnaba Orinai 61, Tel. 808 36 41*

## FEIERTAGE & FESTE

**Gesetzliche Feiertage:**
▶ 1. Januar: Neujahr
▶ März/April: Ostermontag (nicht Karfreitag)
▶ 25. April: Tag der Befreiung vom Faschismus
▶ 1. Mai: Tag der Arbeit
▶ 29. Juni: San Pietro e Paulo, abends wird der Petersdom beleuchtet
▶ 15. August: Ferragosto, Mariä Himmelfahrt
▶ 1. November: Allerheiligen
▶ 8. Dezember: Tag der unbefleckten Empfängnis
▶ 25. und 26. Dezember: Weihnachten

**Feste:**
▶ 6. Januar: »Epifania«, das Dreikönigsfest. Bevor auch in Italien der Weihnachtsmann in Mode kam, war »La Befana« das Fest der Geschenke für Kinder.
▶ Februar: Karneval. Beschränkt sich vor allem auf das »Verkleiden« der Kinder, die sonntags in Kostümen an der Hand ihrer Eltern in den Parks flanieren.
▶ 14. Februar: Valentinstag, der Tag der Liebe, an dem man sich Blumen oder kleine, feine Präsente schenkt.
▶ 8. März: Internationaler Frauentag. Überall, in der Bank, im Hotel, in Geschäften bekommen Sie leuchtendgelbe Mimosen geschenkt, die die Römerinnen sich an die Kleider stecken. Tagsüber gibt es Demonstrationen, abends sind Sie im Restaurant von Frauenrunden umzingelt.
▶ 21. April: Fest zur Gründung Roms im Jahr 753 v.Chr., das abends mit einem Feuerwerk gefeiert wird.
▶ Mitte Juli: Noantri-Fest. Einwöchiges Volksfest in Trastevere, bei dem Buden mit Wein, Spanferkel und Pasta die Straßen säumen.

## KLIMA/WETTER

Im Juli und August ist es in Rom so heiß, daß der Asphalt schmilzt, und das ist natürlich kein Wetter für lange Fußmärsche. Das Thermometer klettert oft bis auf 40 Grad, die Römer fliehen ans Meer, die schwüle Smogluft in der Stadt ist unerträglich. Abgesehen vom November, der oft regnerisch ist, hat Rom das ganze Jahr über ideales Reiseklima. Im Winter ist es zwar kalt, aber

## TIPS & ADRESSEN

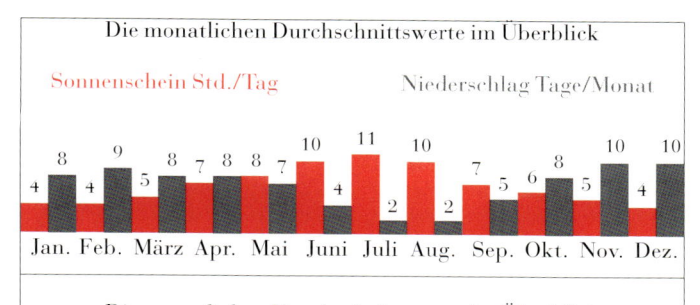

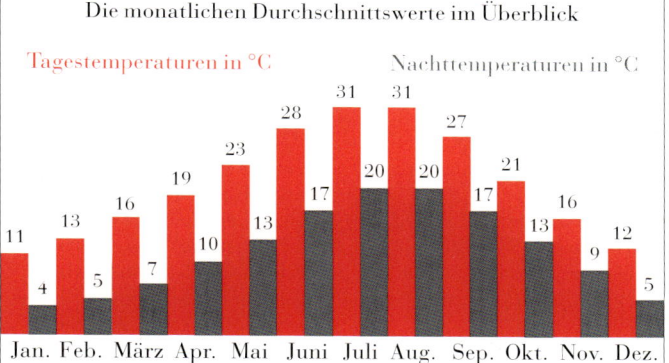

### Die monatlichen Durchschnittswerte im Überblick

**Sonnenschein Std./Tag** — **Niederschlag Tage/Monat**

| Monat | Sonnenschein Std./Tag | Niederschlag Tage/Monat |
|---|---|---|
| Jan. | 4 | 8 |
| Feb. | 4 | 9 |
| März | 5 | 8 |
| Apr. | 7 | 8 |
| Mai | 8 | 8 |
| Juni | 10 | 7 |
| Juli | 11 | 4 |
| Aug. | 10 | 2 |
| Sep. | 7 | 5 |
| Okt. | 6 | 8 |
| Nov. | 5 | 10 |
| Dez. | 4 | 10 |

### Die monatlichen Durchschnittswerte im Überblick

**Tagestemperaturen in °C** — **Nachttemperaturen in °C**

| Monat | Tagestemperaturen in °C | Nachttemperaturen in °C |
|---|---|---|
| Jan. | 11 | 4 |
| Feb. | 13 | 5 |
| März | 16 | 7 |
| Apr. | 19 | 10 |
| Mai | 23 | 13 |
| Juni | 28 | 17 |
| Juli | 31 | 20 |
| Aug. | 31 | 20 |
| Sep. | 27 | 17 |
| Okt. | 21 | 13 |
| Nov. | 16 | 9 |
| Dez. | 12 | 5 |

trocken, und wenn die Sonne scheint, ist es so warm, daß man tagsüber draußen sitzen kann. Bringen Sie einen warmen Mantel und dicke Pullover mit. In Rom wird schlecht geheizt, und in den Restaurants ist es abends oft sehr kalt. Ideale Reisemonate sind Mai und Juni sowie September und Oktober.

### MEDIEN

▶ **Printmedien:** Zu den seriösen italienischen Tageszeitungen gehört die römische »La Repubblica« (progressiv), die donnerstags mit dem nützlichen Veranstaltungsheft »Trova Roma« erscheint.

»Die« römische Zeitung mit viel Lokalkolorit ist allerdings der liberale »Messaggero«. Alle großen Tageszeitungen bieten täglich Veranstaltungskalender und praktische Informationen im Lokalteil.

Neuerdings erscheint wöchentlich der Veranstaltungskalender »Roma c'è«. Deutsche Zeitungen gibt's am Flughafen, am Hauptbahnhof und an den Kiosken an jeder großen Piazza in der Innenstadt.

▶ **Radio:** »Radio Dimensione

# TIPS & ADRESSEN

Suono« ist Roms Sender für Rock/Pop und Charts auf FM-Frequenz 102.9. Klassik bietet Radio 3 auf FM 93.7. Informations- und Nachrichtensendungen bei Radio 1. FM 89.7.
▶ TV: Die staatliche RAI (Radio Televisione Italiana) hat drei Programme. Im Dritten laufen auch Lokalnachrichten. Medienzar Berlusconi versorgt die Italiener mit leichter Kost und Spielfilmen auf Italia 1, Rete 4, Canale 5.

## MIETWAGEN

▶ *Hertz: Fiumicino, Tel. 543 34 81; Via Veneto, Tel. 321 68 31/4; Piazza dei Cinquecento (Hauptbahnhof), Tel. 474 64 05*
▶ *Avis: Fiumicino, Tel. 65 01 15 79 oder 65 01 15 31; Hauptbahnhof, Tel. 47 01 12 19; Via Sardegna 38a (Zentrum), Tel. 42 82 47 28*
▶ *Maggiore-Budget: Buchung, Tel. 167-86 70 67; Fiumicino, Tel. 65 01 06 78 oder 650 115 08; Hauptbahnhof, Tel. 488 00 49 oder 488 37 15; Via Po 8a (Zentrum), Tel. 854 86 96*

## NOTFÄLLE

▶ *Notruf Polizei: Tel. 113*
▶ *Notruf Carabinieri: Tel. 112*
▶ *Feuerwehr: Tel. 115*
▶ *Krankenwagen: Tel. 55 10*
▶ *Pannenhilfe ACI (Automobilclub d'Italia): Tel. 116*
▶ *Notarzt (Guardia Medica): Tel. 482 67 41*
▶ *Zahnklinik G. Eastman, Viale Regina Elena 287b, Tel. 445 38 87*
▶ *Nachtapotheke: Farmacia Internazionale, Piazza Barberini 49, Tel. 487 11 95*

## ÖFFENTLICHER NAHVERKEHR

***U-Bahn:***
▶ Die Metro der Millionenstadt hat bis heute nur zwei Linien, A und B. Linie A (5.30-23.30 Uhr, Endstationen Ottaviano und Anagnina) bringt Sie vom Vatikan durch die Innenstadt und über Cinecittà in Richtung Castelli Romani. Die Linie B (6-21 Uhr, Endstationen Rebbibia und EUR-Fermi) fährt vom Bahnhof »Tiburtina« am Kolosseum und Forum Romanum vorbei bis nach Ostiense (hier können Sie in Züge nach Ostia Antica und zum Flughafen umsteigen) bis ins EUR.

***Straßenbahn:***
▶ Die wichtigsten Tramlinien sind die 225, die Sie vom Piazzale Flaminio (Piazza del Popolo) zur Piazza Mancini (Olympiastadion) bringt, und die Linien 30 und 19, die von der Piazza del Risorgimento (Vatikan) in großem Bogen bis zur »Pyramide« (Bahnhof Ostiense) fährt.

# TIPS & ADRESSEN

**Bus:**
▶ Die orangefarbenen Busse der städtischen Verkehrsbetriebe A.T.A.C. sind zwar schrecklich unbequem und meistens überfüllt, bringen Sie aber in den letzten Winkel der Stadt. Die Haltestellen erkennen Sie an gelben oder neuerdings grünweißen Schildern, auf denen die Liniennummern und die dazugehörige Route ausgewiesen sind. Die Busse inklusive der Nachtbusse fahren fast 24 Stunden und je nach Tageszeit alle 5 bis 20 Minuten. Fahrpläne gibt es nicht, weil die Busse sie im chaotischen Verkehr sowieso nicht einhalten könnten.

## ÖFFNUNGSZEITEN

▶ Geschäfte sind in der Regel von 9-13 Uhr und von 16-19.30 Uhr geöffnet. Montag vormittags bleiben die meisten Läden (mit Ausnahme der Lebensmittelhändler) geschlossen, sind dafür aber Samstag nachmittags geöffnet.
▶ Neuerdings ist das Ladenschlußgesetz gelockert: In der Innenstadt haben viele Geschäfte über Mittag und spätabends auf, und vor Weihnachten kann man auch sonntags einkaufen.
▶ Im Ferienmonat August stehen Sie fast überall vor verschlossenen Türen. Die Lebensmittelläden bleiben Donnerstag nachmittags geschlossen.

## POST

▶ *Hauptpostamt Piazza San Silvestro 19.* Mo-Fr 8.30-21 Uhr, Sa 8.30-12 Uhr
▶ normale Postämter sind Mo-Fr 8-14 Uhr, Sa 8-12 Uhr geöffnet
▶ Porto in EU-Länder (inkl. Schweiz und Österreich): Lit 650 für Postkarten, Lit 750 für Briefe
▶ Briefkästen sind rot mit zwei Klappen. Auslandspost in die Klappe »Tutte le destinazioni« werfen.

## SIGHTSEEING

Stadtrundfahrten mit mehrsprachigen Führern (etwa Lit 40.000) bieten:
▶ *American Express, Piazza Mignanelli 22,* Tel. 676 41
▶ *Carrani Tours, Via Vittorio Emanuele Orlando 95,* Tel. 48 80 51 10
▶ *CIT, Piazza della Repubblica 68,* Tel. 479 41
▶ Schiffsfahrt auf dem Tiber mit dem »Aquabus«: Von der Brücke Duca D'Aosta bis zur Tiberinsel, von Mai bis August, Tel. 686 90 68

## SPRACHE

Kaum ein Italiener spricht englisch oder deutsch. Versuchen Sie's lieber selbst mit

## TIPS & ADRESSEN

ein paar Brocken Italienisch:

Menu – Speisekarte
Wo ist …? – Dov'è …?
Ich möchte bestellen – vorrei ordinare
Ich hätte gerne – vorrei …
Noch ein Bier, bitte – un'altra birra, per favore
Noch eine Karaffe Wein, bitte – un altra caraffa di vino, per favore
Ich möchte zahlen – vorrei pagare. Oder: il conto, per favore.
Wo ist die Toilette? – dovè il bagno?
Wieviel kostet das? – quanto costa questo?
Wie geht es Ihnen/Dir? – Come sta/come stai?
Verzeihung – Scusi

## STROM

▶ Die Stromspannung beträgt wie in Deutschland 220 Volt. Allerdings gibt es in Italien keine einheitlichen Steckdosen, sondern auch innerhalb des Landes verschiedene Größen. Kaufen Sie in Deutschland einen Adapter für Italien mit drei verschiedenen Steckertypen.

## TAXI

▶ Taxifahren in Rom ist ein teurer Spaß, schon die Grundgebühr beträgt Lit 6.400. Funktaxen lassen sich sogar die Anfahrt bezahlen. Nach 23 Uhr kommt ein Nachtaufschlag hinzu. Es gibt Taxenstände an allen großen Plätzen der Innenstadt, an denen Sie allerdings vergeblich warten, wenn es regnet: Dann sind alle Wagen hoffnungslos ausgebucht. Und bringen Sie gute Nerven mit: Römische Taxifahrer haben einen atemberaubenden Fahrstil.
▶ Einige Taxirufnummern: *Tel. 35 70 oder 49 94 oder 88 1 77 oder 66 45.*

## TELEFON

▶ Vorwahlen: Nach Deutschland 0049, nach Österreich 0043, in die Schweiz 0041 und dann jeweils die Ortsvorwahl ohne die 0
▶ Für das Telefonieren in öffentlichen Münzfernsprechern brauchen Sie entweder eine Telefonkarte (im Tabakgeschäft für Lit 5.000 oder 10.000) oder 100-, 200- oder 500-Lire-Stücke. Am besten ist es aber, Sie haben beides dabei, denn die Geräte funktionieren nicht einheitlich: Oft können Sie nur Münzen, manchmal Münzen und Karte oder nur Karten verwenden. Die Telefonkarten funktionieren nur, wenn Sie vor Gebrauch die perforierte Ecke abtrennen. Wenige Geräte sind mit der Kreditkarte zu bedienen. In der Post können Sie nicht telefonieren.

# TIPS & ADRESSEN

weil die Telefone der Telecom gehören, die von der Post getrennt ist.
▶ Ortsgespräche kosten Lit 200. Ferngespräche sind erst nach 22 Uhr und vor 8 Uhr morgens stark ermäßigt.

## TRINKGELD

Es gibt keinen Trinkgeldzwang. Der Service ist im Restaurant im Preis inbegriffen. Bei sehr netter Bedienung freuen sich die Kellner trotzdem, wenn Sie den Betrag um zehn Prozent oder auch nur um Lit 2.000 - 3.000 aufrunden. In der Bar ist es üblich, daß man zum »scontrino« (man zahlt erst an der Kasse und bestellt dann mit dem Bon) Lit 100-200 auf den Tresen oder in bereitstehende Schüsseln legt. Auch Taxifahrer freuen sich über ein Trinkgeld von Lit 1.000. Kofferboys im Hotel, die an ihrem Gepäck schwer schleppen müssen, sollten Sie Lit 2.000 bis 3.000 geben.

## UNTERKUNFT

Reservieren Sie Ihr Hotel – vor allem in der Hochsaison im Mai/Juni, September/Oktober und über Weihnachten und Ostern – auf jeden Fall schon von Deutschland aus. Wenn Sie nicht übers Reisebüro buchen, informieren Sie sich in Reiseführern über Hotels, und buchen Sie direkt. Damit die Reservierung klappt, müssen Sie meist eine Kreditkartennummer angeben oder eine Anzahlung leisten.

## VERANSTALTUNGEN & VORVERKAUF

▶ Tips für Veranstaltungen können Sie den Tageszeitungen entnehmen oder beim Fremdenverkehrsbüro »EPT« erfragen.
▶ Vorverkaufsbüros in Rom sind nur sehr schwierig zu erreichen. Wenden Sie sich am besten an Ihre Hotelrezeption, wenn Sie Karten vorbestellen oder kaufen wollen.

## ZU GUTER LETZT

▶ Wenn Sie eine öffentliche Toilette suchen, können Sie in Rom weit laufen. Gehen Sie einfach in die nächste Bar. Alle Toiletten in jeder römischen Bar sind öffentlich, so will es das Gesetz.
▶ Tragen Sie im März keine Bermudas: Italiener haben um diese Zeit noch Ihre Wintermäntel an, auch wenn draußen schon die Frühjahrssonne wärmt. Man holt sich im Schatten schnell eine böse Erkältung und ist außerdem schon aus der Ferne als Tourist zu erkennen.

# SCHLAGWORTREGISTER

Ankunft 10-12, 111-112
Antiquitäten 49
Appia Antica 43
Auskunft 112
Auto (rund ums) 11, 112
Aventin 38

Baden 42, 54, 96
Banken 113
Barbiere 63
Bars & Kneipen 81-86
Bernini und Borromini 22, 37
Bocca della Verità 25
Bootsfahrt 26, 117
*Borghese-Park* 24, **41**
Borgo 16
Botanischer Garten 39
Bücher (deutsche) 33

Cafés 51, 66-67, **74-76**, 97
*Caffé Greco* 74
Campo de' Fiori 15, 48, **57**
Caracalla-Thermen 25, **29**
*Casina Valadier* 69
Castelli Romani 42

Delikatessen 15, **66**
Diplomatische Vertretungen 114
*Di Rienzo* 76
Discotheken 94-98

Eiscafés 78-79
Engelsburg 16, 24, 26
EUR **14**, 53

Fahrradfahren 107
Feiertage & Feste 114
Fellini, Federico 32, 92
Flohmarkt 59
Flughafen 10-11, 111
Fontana di Trevi 21, **31**
Foren 29
*Forum Romanum* 29
Fregene 96
Friseur 63
Frühstücken 66-67

Galerien 42, 47, 50
Geld 10, 113
Geschichte **36-37**, 43
Ghetto **13**, 46
Gianicolo 39
*Gilda* 96
Goethe 9, 33, 53, 74
Großmarkthallen 58

Hadriansvilla 32
Hauptbahnhof 24, 111
*Herder Libreria* 33
Historisches Zentrum 14-16
Hotelreservierungen 108, 119

Hotels (gehobene) 100-105
Hotels (kuriose) 106-108
Hotels (preiswerte) 109

Informationen 111-119
Innenstadt 20

Jazz 92-93
*Jeff Blynn's* 95
Jüdisches Viertel **13**, 46

Kaiserforen 29
*Kapitol* 24, 51
Kapitolinische Museen 51
Katakomben **43**
Kino 88, 89
Kirchen 14, 16, 18, 25, 34, 39, 43, 88
Klima 114
Kolosseum 25, **32**

Latin 92-93
Literaturtips 107

Märkte 57-59
Marcellus-Theater 46
Medien 115
Michelangelo 34, 51, 55
Mietwagen 11, 116
Mode 62, **63**, 64
Monti 16
Museen 50-56
Musik-Clubs 98

Nightlife 88-98
Notfälle 116

Öffentliche Verkehrsmittel 18, 24-26, **116-117**
Öffnungszeiten 117
Oper & Ballett 90
Ostia Antica 38

Palatin 31
Palazzo delle Esposizioni 54
Palazzo Farnese 47
Palazzo Spada 47
Pantheon 34
Parfums 62
Parks & Gärten 30, 40, 41
Petersdom 16, 24, **34**
Piazza del Popolo 24, **76**
*Piazza Navona* 20
Piazza Mattei **46**, 49
*Pierluigi* 73
Pizza 68, **72**
Post 117

Restaurants 21, 27, 48, 58, 62, **68-73**
Romulus und Remus 31, 52, **77**
Rosengarten 30

San Pietro 16
Schmuck 61
Schuhe 62
Sehenswürdigkeiten 29-35
Shopping 15, 19, 61-64
Sightseeing **24-28**, 117
Sixtinische Kapelle **55**
*Spanische Treppe* **10**, **35**
Sprachhilfen 117
Stadtplan 12
Stadtrundfahrt (Bus) **24**, 117
Stadtrundfahrt (Schiff) 117
Stoffe 62
Strandbad 96
Strom 118

Tartufo 79
Taxi 10, 118
*Teichner* 66
Telefon 118
Testaccio **83**
Theater 90-91
Thermen-Museum 55
Tiber 26-28, 40
Tiberinsel 40
Tramezzino 75
Trastevere 17
Trevi-Brunnen 21, **31**
Trinkbrunnen (Fontanelle) 45
Trinkgeld 119

Unterkunft 106, **100-110**, 119

Vatikan-Staat 18
Vatikanische Gärten 56
Vatikanische Museen 55
Veranstaltungen (Info) 88, 119
Veranstaltungskalender 88
Vespa (fahren) 40
Via Appia Antica 43
*Via Condotti* 64
Villa Borghese 41
*Villa Giulia* **50**, 89
*Villa Medici* 44
Vorverkauf 119

WCs 119
Weine 48, 81, 83
Wetter 114

Zeitungen 115
Zentrum 14
Zirkus Maximus 25, 31